이서윤쌤의

초등 한자 어휘
끝내기

KB066561

2단계

한자 선정 및 어휘 풀이 정리 기준

1. 교육부 지정 기초 한자 중 초등 교과 이해에 도움이 되는 한자 선정
2. 초등 교과서에 수록되는 어휘 중 사용 빈도, 조어력이 높은 어휘 위주로 선정
3. 어휘의 뜻이 여러 개일 경우, 초등 교과서에서 자주 사용하는 뜻으로 풀이
4. 어휘의 뜻풀이에서 한자의 의미가 직접 드러나지 않을 경우, 한자와 연관된 풀이로 제시
5. 맞춤법과 띄어쓰기는 국립국어원에서 펴낸《표준국어대사전》을 기준으로 삼되, 초등 교과서 표기 기준

이서윤쌤의
초등 한자 어휘
끝내기 2단계

발행일	2024년 1월 2일
펴낸곳	메가스터디(주)
펴낸이	손은진
개발 책임	김문주
개발	김숙영, 민고은, 서은영
글	이서윤
그림	오우성
디자인	이정숙, 윤재경
마케팅	엄재욱, 김상민
제작	이성재, 장병미
주소	서울시 서초구 효령로 304(서초동) 국제전자센터 24층
대표전화	1661-5431
홈페이지	http://www.megastudybooks.com
출판사 신고 번호	제 2015-000159호
출간제안/원고투고	writer@megastudy.net

메가스터디BOOKS

'메가스터디북스'는 메가스터디㈜의 출판 전문 브랜드입니다.
유아/초등 학습서, 중고등 수능/내신 참고서는 물론, 지식, 교양, 인문 분야에서 다양한 도서를 출간하고 있습니다.

랑랑쌤의 한마디

공부 실력을 키우는 한자 어휘 학습, 실전편!

여러분, 안녕하세요. 저는 랑랑쌤 이서윤 선생님이에요. 그동안 저는 한자 어휘의 중요성을 강조해 왔어요. 그래서 '의미 중심의 한자 어휘 공부법'을 활용한 《이서윤쌤의 초등한자어휘 일력》을 펴냈어요.

'의미 중심의 한자 어휘 공부법'은 한자의 뜻을 제대로 알고 연관된 어휘의 의미를 파악하는 방식의 공부법이랍니다. 특히, 교과 내용을 이해할 때 큰 도움이 됩니다. 예를 들어, 사회 교과에서 '등고선(等高線)'이라는 어휘의 한자를 안다면 '같을 등, 높을 고, 선 선'으로 의미를 연결하여 '지도에서 높이가 같은 곳을 선으로 이어 땅의 높낮이를 나타낸 선'으로 이해할 수 있겠지요.
교과서에서 배우는 어휘들은 한자의 조합으로 이루어진 것들이 많아요. 그래서 한자의 의미만 제대로 알아도 교과서에서 다루는 내용을 섬세하게 이해할 뿐 아니라, 교과 개념도 쉽게 파악할 수 있답니다.

《이서윤쌤의 초등 한자 어휘 끝내기》는 의미 중심의 한자 어휘 공부법으로 주요 과목의 필수 어휘를 학습하는 '실전편'입니다. 기본 한자의 음, 뜻, 모양을 직접 써 보며 익히고, 국어, 수학, 사회, 과학 교과의 어휘들을 학습 한자와 연결해서 배웁니다. '1한자 8어휘 30일 완성'으로, 주요 과목부터 일상생활 어휘, 고사성어까지 교과 학습과 일상생활의 어휘 빈틈이 없도록 도와줍니다.

'일력'으로 한자와 한자 어휘를 매일 접하며 공부 습관을 기르고, '끝내기'로 한자와 한자 어휘를 직접 쓰고 익히면서 진짜 실력을 키워 보세요. 이 책이 여러분의 어휘력과 언어 감각, 나아가 공부 실력을 끌어올리는 데 훌륭한 나침반이 되리라 기대합니다.

이서윤 (랑랑쌤)

랑랑쌤과 친구들

총총

명명
총총의 여동생

심심
총총의 단짝 친구

미미
총총의 여자 친구

구성과 특징

시작하기 먼저 한자의 뜻, 음, 모양을 알고 따라 쓴 다음, 다양한 글을 읽으며 어휘의 쓰임을 확인해요.

기본 학습 1~30일

- 국어, 수학, 사회, 과학 교과서 속 핵심 어휘부터 일상생활, 고사성어까지 초등학생이 꼭 알아야 할 어휘를 선정했습니다.

- 학년(2~6학년) 및 한자 급수 (8~4급)에 따라 3단계로 난이도를 구분하여 학습자별 맞춤 학습이 가능합니다.

- 30일 동안 하루에 1한자, 8어휘씩 총 240개의 어휘를 학습할 수 있습니다.

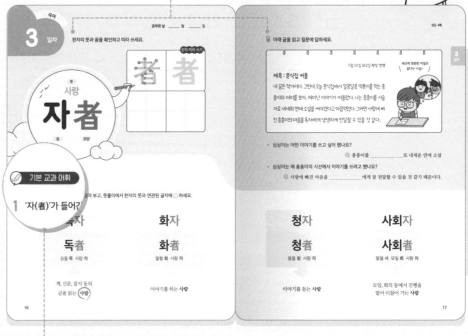

STEP 1 학습 한자가 들어간 기본 어휘 4개를 학습하며 개념을 이해해요.

복습 어휘랑 총정리

- 과목별 기본 학습이 끝날 때마다 학습 어휘를 종합적으로 점검하고, 학습 효과를 높일 수 있는 코너를 제공했습니다.

- '어휘 → 문장 → 문맥' 순으로 점차 확장하며 체계적으로 복습하도록 구성했습니다.

- 선 긋기, 퀴즈, 어휘 퍼즐 등 다양한 활동으로 재미있게 학습할 수 있습니다.

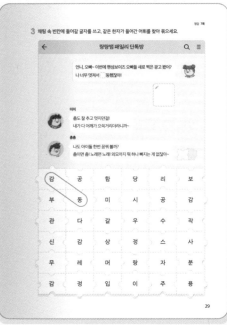

STEP 2
학습 한자가 들어간 확장 어휘 4개를 추가로 학습하며 어휘 실력을 키워요.

STEP 3
글의 맥락을 이해하고 응용할 수 있도록 학습 어휘가 들어간 문장을 만들며 문해력을 완성해요.

교과 어휘 확장

2 뜻풀이를 각각 읽... 채워 어휘를 완성하세요.

...를 대신하여 ...하는 사람

서술 ☐

회의 등에서 나온 내용, 사실을 적는 사람

기록 ☐

者

어떤 일이나 생각 등을 널리 드러내어 알리는 사람

발표 ☐

어떤 주제에 대하여 찬성과 반대의 입장에서 자신의 의견을 말하는 사람

토론 ☐

3 '자(者)'의 뜻을 떠올리며 밑줄 친 곳에 공통으로 들어갈 글자를 쓰세요.

화자는 이야기를 하는 ...이야.

발표자는 어떤 일이나 생각 들을 널리 드러내어 알리는 ...를 말하지.

18

어휘로 문해력 완성

정답 6쪽

4 다음 중 '자(者)'가 ...은 어휘를 찾아 ○하세요.

첫자   서술자   한자   독자

3

5 문장을 각각 읽고 밑줄 친 곳에 들어갈 알맞은 어휘를 찾아 연결하세요.

모둠 수업에서 ... 역할을 맡은 홍주이가 조사한 내용을 이야기했다. ·

· 발표자

... 상대방의 말을 끝까지 듣고 자신의 의견을 말해야 한다. ·

· 독자

신문에는 미비 같은 어린 ... 가 이해하기 어려운 한자 어휘가 많이 쓰인다. ·

· 토론자

깡깡이가 놀이터를 주제로 지은 동시에서 ... 는 어린아이이다. ·

· 화자

6 제시된 어휘 중 알맞은 것을 활용하여 문장을 완성하세요.

사회자
vs
발표자
⇨ 학급 회의를 할 때 .... 자신의 의견을 말하면 안 되며, 여러 의견을 모아서 정리해야 한다.

서술자
vs
기록자
⇨ 소설의 .... 이야기 속 주인공이 될 수도 있고, 이야기 밖에서 관찰하는 사람이 될 수도 있다.

19

4 가로세로 열쇠의 뜻풀이를 읽고 퍼즐을 완성하세요.

①			②		③ 의(意)
④ 설(說)					
⑤					
⑥ 작(作)		⑦		⑧ 감(感)	

가로 열쇠
① 상대방이 나의 주장이나 의견을 따르도록 만드는 말하기
④ 어떤 사실이나 행동 등이 가지는 가치
⑥ 문학, 사진, 그림, 조각 등 예술 작품을 만드는 사람
⑧ 다른 사람의 감정, 의견, 주장 등에 대해 자신도 그렇다고 느끼는 것

세로 열쇠
② 겉으로 보기에 말이 안 되는 것 같지만 그 안에 진실을 드러내는 말하기
③ 무엇을 하고자 하는 생각이나 계획
⑤ 음악, 영화, 게임 등 작품을 만든 사람의 권리
⑦ 어떤 일이나 대상에 대한 느낌, 기분

5 보기 속 어휘를 활용하여 문장을 완성하세요.

정답 7쪽

보기
습작   동의   감판   전설   사회자

예시 심심이 할머니가 우리 동네에 내려오는 **전설**을 이야기해 주셨다.

㉮ 노래자랑을 시작한다는 .... 말에 사람들이 박수를 쳤다.

㉯ 화가 빈센트 반 고흐는 1,100여 점의 .... 남겼다.

㉰ 아이들은 야외 수업을 하자는 깡깡쌤의 의견에 ....

㉱ 우리나라에는 .... 나올 만큼 멋진 풍경을 가진 곳들이 많다.

6 제시된 어휘를 활용하여 문장을 만드세요.

작품 ⇨ 미술관이나 박물관에 가면 ....

감정이입 ⇨ 좋을이 아끼는 영화 속 주인공에게 ....

31

차례

I

국어

매일 4쪽씩
재미있게 공부해요!

說
말씀 설
• 소설   • 연설
• 설득   • 전설

作
지을 작
• 작품   • 작가
• 원작   • 작성

者
사람 자
• 독자   • 화자
• 청자   • 사회자

意
뜻 의
• 의미   • 의견
• 의지   • 동의

感
느낄 감
• 감정   • 감동
• 감상   • 오감

한자의 뜻과 음을 확인하고 따라 쓰세요.

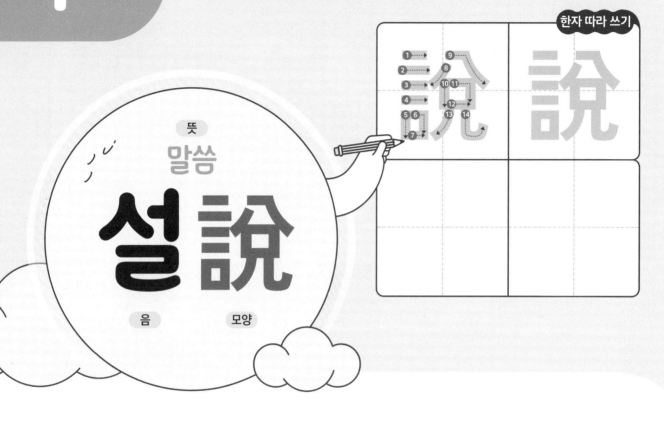

한자 따라 쓰기

뜻
말씀

설 說

음   모양

✏️ 기본 교과 어휘

1 '설(說)'이 들어간 어휘를 읽어 보고, 뜻풀이에서 한자의 뜻과 연관된 글자에 ○ 하세요.

소설

소 說

작을 소 말씀 설

현실에 있음 직한 일을 작가가
상상해서 꾸며 낸 (이야기)

연설

연 說

펼 연 말씀 설

여러 사람 앞에서 자신의 주장이나
의견을 내세우는 **말하기**

💡 아래 글을 읽고 질문에 답하세요.

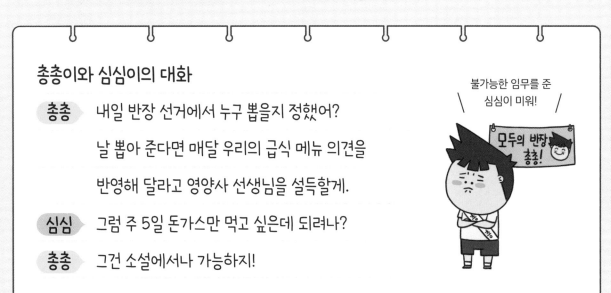

총총이와 심심이의 대화

총총 내일 반장 선거에서 누구 뽑을지 정했어?

날 뽑아 준다면 매달 우리의 급식 메뉴 의견을

반영해 달라고 영양사 선생님을 설득할게.

심심 그럼 주 5일 돈가스만 먹고 싶은데 되려나?

총총 그건 소설에서나 가능하지!

- 총총이는 반장 선거에서 무엇을 약속했나요?

  ✐ 영양사 선생님을 _____ 하여 우리의 급식 메뉴 의견을 반영한다.

- 총총이는 심심이의 의견에 대해 어떻게 생각했나요?

  ✐ _____ 에서나 가능한 일이다.

설득

說득

말씀 **설** 얻을 **득**

상대방이 나의 주장이나 의견을
따르도록 만드는 **말하기**

전설

전說

전할 **전** 말씀 **설**

구체적인 장소, 사물, 인물에 얽혀
전해 내려오는 **이야기**

9

2 뜻풀이를 각각 읽고 빈칸을 채워 어휘를 완성하세요.

옛날부터 입에서 입으로
전해 내려오는 신화,
전설 등의 이야기

□화

겉으로 보기에는 말이 안 되는
것 같지만 그 안에 진실을
드러내는 말하기

역□

說

지식이나 정보를 알기 쉽게
전달하는 글

□명문

문제에 대해 자신의 주장이나
의견을 논리적으로 밝히는 글

논□문

3 '설(說)'의 뜻을 떠올리며 밑줄 친 곳에 공통으로 들어갈 글자를 쓰세요.

설득은 상대방이 나의
주장이나 의견을 따르도록
만드는 _____예요.

역설은 겉으로 보기에는 말이
안 되는 것 같지만 그 안에
진실을 드러내는 _____야.

4 다음 중 '설(說)'이 쓰이지 않은 어휘를 찾아 ○ 하세요.

| 소설 | 설계 | 설화 | 연설 | 전설 |

5 문장을 각각 읽고 밑줄 친 곳에 들어갈 알맞은 어휘를 찾아 연결하세요.

'지는 것이 이기는 것이다.'라는 명언에는 양보와 희생을 표현하는 _____ 이 사용되었다.   •

  •   소설

_____ 에 따르면 이 연못에는 선녀가 살았다고 전해진다.   •

  •   전설

_____ 은 주장과 그것을 뒷받침하는 근거로 이루어진다.   •

  •   논설문

고전 _____ <흥부전>에서 흥부는 제비 다리를 고쳐 주고 복을 받았다.   •

  •   역설

6 제시된 어휘 중 알맞은 것을 활용하여 문장을 완성하세요.

전설
VS
연설

💬 불사조는 500년간 살다가 스스로 불을 피워 타 죽고, 그 재 속에서

다시 태어난다고 하는 _____ 새이다.

설명문
VS
논설문

💬 오래된 유적지 입구 팻말에는 잘못된 내용의

_____ 쓰여 있었다.

2 일차

한자의 뜻과 음을 확인하고 따라 쓰세요.

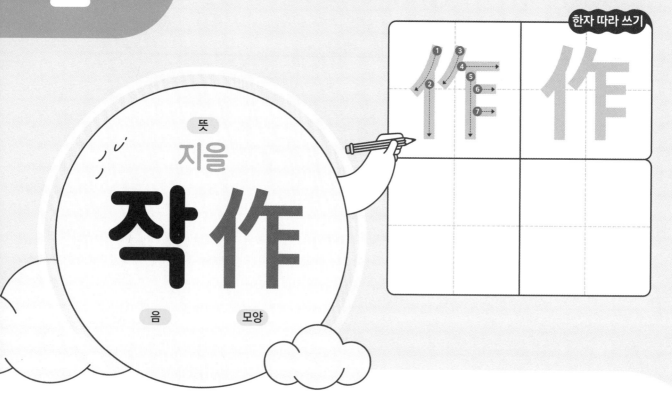

한자 따라 쓰기

뜻
지을

작 作

음   모양

✏️ 기본 교과 어휘

1 '작(作)'이 들어간 어휘를 읽어 보고, 뜻풀이에서 한자의 뜻과 연관된 글자에 ○ 하세요.

작품

作품

지을 작 물건 품

예술 활동으로 만든 물건

작가

作가

지을 작 집 가

문학, 사진, 그림, 조각 등
예술 작품을 만드는 사람

💡 아래 글을 읽고 질문에 답하세요.

미미와 명명이의 대화

미미 이번에 내가 좋아하는 아이돌이 드라마를 찍는대.
어쩐지 가수만 하기엔 아깝더라니….
꼭 본방송으로 봐야지!

명명 드라마 원작인 웹툰도 인기가 엄청났다며!

미미 맞아. 이 드라마도 틀림없이 수작이 될 거야.

웬일이야~
너무 멋있어!

- 미미가 좋아하는 아이돌이 출연하는 드라마는 어떤 작품인가요?

  💬 웹툰이 _____이다.

- 미미는 드라마에 어떤 기대를 품고 있나요?

  💬 틀림없이 _____이 될 것이다.

원작

원作

근원 **원** 지을 **작**

연극, 영화를 고쳐 쓰거나 다른 나라
말로 옮기기 전, 원래 **만들어진 것**

작성

作성

지을 **작** 이룰 **성**

서류, 원고 등을 **만듦**

2 뜻풀이를 각각 읽고 빈칸을 채워 어휘를 완성하세요.

시, 소설, 그림 등의 예술 작품을
연습 삼아 **만들어 봄**

습 ☐

뛰어나게 잘 **만들어진 작품**

수 ☐

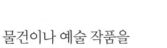

物件이나 예술 작품을
새롭게 **만들어 냄**

창 ☐

음악, 영화, 게임 등 작품을
만든 사람의 권리

저 ☐ 권

3 '작(作)'의 뜻을 떠올리며 밑줄 친 곳에 공통으로 들어갈 글자를 쓰세요.

작품은 예술 활동으로
_____ 물건이야.

저작권은 음악, 영화, 게임
등 작품을 _____ 사람의
권리를 가리키지.

4 다음 중 '작(作)'이 쓰이지 않은 어휘를 찾아 ○ 하세요.

작가　　　원작　　　작년　　　습작　　　저작권

5 문장을 각각 읽고 밑줄 친 곳에 들어갈 알맞은 어휘를 찾아 연결하세요.

사람의 생각이나 감정을 표현한 소설, 사진, 그림 등은 _____의 보호를 받는다.　　　•　　　•　창작

랑랑쌤은 직접 _____한 동시를 아이들 앞에서 읊어 보았다.　　　•　　　•　작가

안데르센은 세계적으로 사랑받는 동화 <인어 공주>의 _____이다.　　　•　　　•　저작권

별에 관심이 많은 심심이는 우주 박물관에 다녀온 뒤, 느낀 점을 보고서로 _____했다.　　　•　　　•　작성

6 제시된 어휘 중 알맞은 것을 활용하여 문장을 완성하세요.

수작
vs
습작

✍ 레오나르도 다빈치의 <모나리자>는 신비로운 미소로 유명한

_____

창작
vs
원작

✍ 어린이 연극제에 참가한 미미는 전래 동화를

_____ 한 연극 대본을 썼다.

15

한자의 뜻과 음을 확인하고 따라 쓰세요.

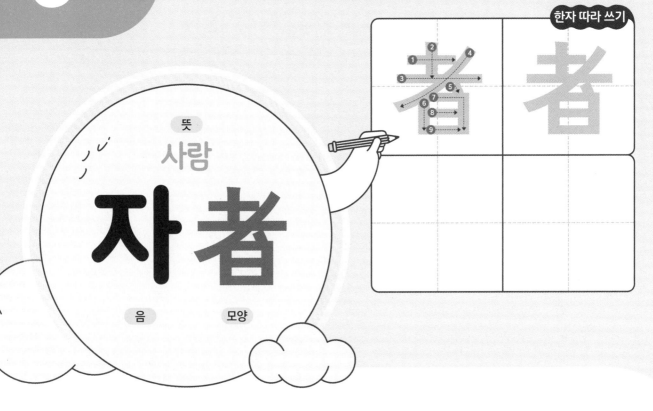

한자 따라 쓰기

뜻
사람

자 者

음   모양

✏️ 기본 교과 어휘

1 '자(者)'가 들어간 어휘를 읽어 보고, 뜻풀이에서 한자의 뜻과 연관된 글자에 ○ 하세요.

독자

독者

읽을 독 사람 자

⬇️

책, 신문, 잡지 등의
글을 읽는 사람

화자

화者

말할 화 사람 자

⬇️

이야기를 하는 **사람**

💡 아래 글을 읽고 질문에 답하세요.

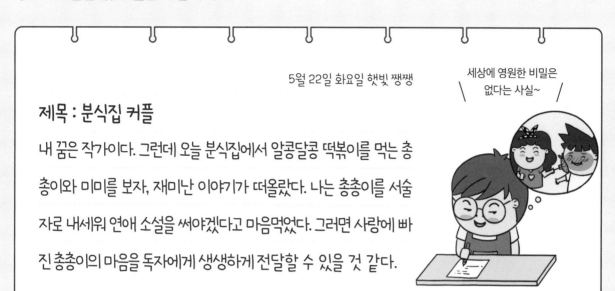

5월 22일 화요일 햇빛 쨍쨍

세상에 영원한 비밀은
없다는 사실~

제목 : 분식집 커플

내 꿈은 작가이다. 그런데 오늘 분식집에서 알콩달콩 떡볶이를 먹는 총총이와 미미를 보자, 재미난 이야기가 떠올랐다. 나는 총총이를 서술자로 내세워 연애 소설을 써야겠다고 마음먹었다. 그러면 사랑에 빠진 총총이의 마음을 독자에게 생생하게 전달할 수 있을 것 같다.

· 심심이는 어떤 이야기를 쓰고 싶어 했나요?

　　　　　　　　✍ 총총이를 ＿＿＿＿＿＿＿＿로 내세운 연애 소설

· 심심이는 왜 총총이의 시선에서 이야기를 쓰려고 했나요?

　　　　✍ 사랑에 빠진 마음을 ＿＿＿＿＿＿＿에게 잘 전달할 수 있을 것 같기 때문이다.

청자
청者
들을 **청**　사람 **자**

이야기를 듣는 **사람**

사회자
사회者
맡을 **사**　모일 **회**　사람 **자**

모임, 회의 등에서 진행을
맡아 이끌어 가는 **사람**

2 뜻풀이를 각각 읽고 빈칸을 채워 어휘를 완성하세요.

소설, 동화에서 작가를 대신하여
이야기를 하는 사람

서술 ☐

회의 등에서 나온 내용, 사실을
적는 사람

기록 ☐

者

어떤 일이나 생각 등을
널리 드러내어 알리는 사람

발표 ☐

어떤 주제에 대하여 찬성과
반대의 입장에서 자신의
의견을 말하는 사람

토론 ☐

3 '자(者)'의 뜻을 떠올리며 밑줄 친 곳에 공통으로 들어갈 글자를 쓰세요.

화자는 이야기를 하는
_____ 이야.

발표자는 어떤 일이나 생각
등을 널리 드러내어 알리는
_____ 을 말하지.

4 다음 중 '자(者)'가 쓰이지 않은 어휘를 찾아 ○ 하세요.

화자　　　청자　　　서술자　　　한자　　　독자

5 문장을 각각 읽고 밑줄 친 곳에 들어갈 알맞은 어휘를 찾아 연결하세요.

모둠 수업에서 _____ 역할을 맡은 총총이가 조사한 내용을 이야기했다. ・ 　　・ 발표자

_____는 상대방의 말을 끝까지 듣고 자신의 의견을 말해야 한다. ・ 　　・ 독자

신문에는 미미 같은 어린이 _____ 가 이해하기 어려운 한자 어휘가 많이 쓰인다. ・ 　　・ 토론자

랑랑쌤이 놀이터를 주제로 지은 동시에서 _____는 어린아이이다. ・ 　　・ 화자

6 제시된 어휘 중 알맞은 것을 활용하여 문장을 완성하세요.

사회자
VS
발표자

💬 학급 회의를 할 때 _____ 자신의 의견을 말하면

안 되며, 여러 의견을 모아서 정리해야 한다.

서술자
VS
기록자

💬 소설의 _____ 이야기 속 주인공이 될 수도 있고,

이야기 밖에서 관찰하는 사람이 될 수도 있다.

4 일차

한자의 뜻과 음을 확인하고 따라 쓰세요.

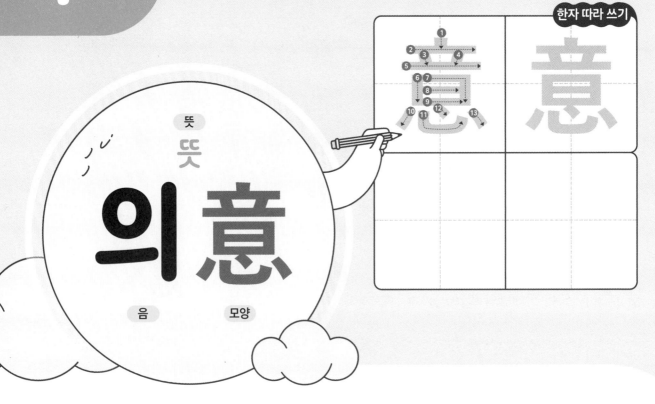

한자 따라 쓰기

뜻 뜻

의 意

음 모양

✏️ 기본 교과 어휘

1 '의(意)'가 들어간 어휘를 읽어 보고, 뜻풀이에서 한자의 뜻과 연관된 글자에 ○ 하세요.

의미

意미

뜻 의 맛 미

말이나 글의 뜻

의견

意견

뜻 의 볼 견

어떤 대상에 대해 가지는 **생각**

💡 아래 글을 읽고 질문에 답하세요.

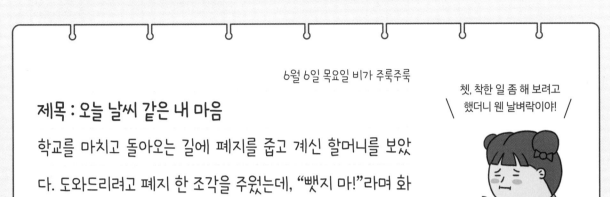

6월 6일 목요일 비가 주룩주룩

쳇, 착한 일 좀 해 보려고
했더니 웬 날벼락이야!

제목 : 오늘 날씨 같은 내 마음

학교를 마치고 돌아오는 길에 폐지를 줍고 계신 할머니를 보았다. 도와드리려고 폐지 한 조각을 주웠는데, "뺏지 마!"라며 화를 내셨다. 내 의도를 오해하신 것 같아 속상했지만, 다음부터는 상대방의 동의를 구하고 행동해야겠다고 생각했다.

- 할머니가 화를 낸 이유는 무엇인가요?

  💬 도움을 주려는 명명이의 _____를 오해했다.

- 결국 명명이는 무엇을 깨달았나요?

  💬 다른 사람을 도울 때는 상대방의 _____를 구해야겠다.

의지

意지

뜻 **의** 뜻 **지**

어떤 일을 이루고자 하는 **마음**

동의

동意

같을 **동** 뜻 **의**

의견을 같이함

2 뜻풀이를 각각 읽고 빈칸을 채워 어휘를 완성하세요.

무엇을 하고자 하는
생각이나 계획

[ ]도

사회적으로 만들어진 사물,
일에 대한 개인적·집단적
감정이나 생각

[ ]식

意

마음에 새겨 두고
조심하며 관심을 가짐

유[ ]

어떤 사실이나 행동 등이
가지는 가치

[ ]의

3 '의(意)'의 뜻을 떠올리며 밑줄 친 곳에 공통으로 들어갈 글자를 쓰세요.

의견은 어떤 대상에 대해
가지는 _____이야.

의식이란 사회적으로 만들어진
사물, 일에 대한 개인적·집단적
감정이나 _____을 말해.

4 다음 중 '의(意)'가 쓰이지 않은 어휘를 찾아 ○ 하세요.

| 의지 | 동의 | 의심 | 의도 | 의미 |

5 문장을 각각 읽고 밑줄 친 곳에 들어갈 알맞은 어휘를 찾아 연결하세요.

랑랑쌤은 동물 실험을 금지해야 한다는
의견에 _____했다. •

• 동의

자료를 활용할 때는 믿을 만한 정보인지
_____ 해야 한다. •

• 유의

학급 회의 시간에 당번 순서를 정하는 문
제에 대해 미미가 _____을 냈다. •

• 의식

<토끼전>은 당시 잘못된 행동을 하는 양반
에 대한 백성들의 비판 _____을 담고 있다. •

• 의견

6 제시된 어휘 중 알맞은 것을 활용하여 문장을 완성하세요.

의도
VS
유의

💬 글의 내용을 이해하려면 글쓴이의 _____ 파악

해야 한다.

동의
VS
의의

💬 <홍길동전>은 우리나라 최초의 한글 소설이라는 점에서

_____ 있다.

공부한 날 _____ 월 _____ 일

한자의 뜻과 음을 확인하고 따라 쓰세요.

뜻
느낄
감 感
음   모양

한자 따라 쓰기

✎ 기본 교과 어휘

1 '감(感)'이 들어간 어휘를 읽어 보고, 뜻풀이에서 한자의 뜻과 연관된 글자에 ○ 하세요.

감정

感정

느낄 감 뜻 정

어떤 일이나 대상에 대한
 이나 기분

감동

感동

느낄 감 움직일 동

깊이 **느껴** 마음이 움직임

24

💡 **아래 글을 읽고 질문에 답하세요.**

총총이에게

엊그제 화이트 데이에 누가 내 사물함에 몰래 사탕을 두고 갔더라? 딸기 맛, 초콜릿 맛, 내가 좋아하는 것만 찰떡같이 알아맞히다니, 정말 감동이었어. 게다가 커다란 곰 인형은 귀여워서 감탄이 절로 나오더라. 밤에 꼭 껴안고 자면 잠이 솔솔 올 것 같아. 내년 화이트 데이에도 잘 부탁해.   − 미미가

꺄아~ 이걸 어디다 자랑할까나?

• 미미는 화이트 데이 선물을 받고 어땠나요?

💬 총총이의 세심한 선물에 _____했다.

• 총총이는 미미에게 사탕 외에 또 어떤 선물을 했나요?

💬 _____이 절로 나오는 귀여운 곰 인형

감상

感상
느낄 **감** 생각 **상**

마음속에서 일어나는
느낌이나 생각

오감

오感
다섯 **오** 느낄 **감**

눈으로 보고, 귀로 듣고, 입으로 맛보고, 코로 냄새를 맡고, 손으로 만지는 다섯 가지 **감각**

25

2 뜻풀이를 각각 읽고 빈칸을 채워 어휘를 완성하세요.

어떤 대상에 대한 느낌을
생생하게 표현한 것

[ ] 각적 표현

마음속 깊이 느껴 칭찬함

[ ] 탄

感

어떤 대상에 자신의 감정이나
정신을 불어넣어 서로 통한다고
느끼는 것

[ ] 정이입

다른 사람의 감정, 의견,
주장 등에 대해 자신도
그렇다고 느끼는 것

공 [ ]

3 '감(感)'의 뜻을 떠올리며 밑줄 친 곳에 공통으로 들어갈 글자를 쓰세요.

감상은 마음속에서
일어나는 _____ 이나
생각이야.

감각적 표현은 어떤 대상에
대한 _____ 을 생생하게
표현한 것을 말해.

26

4 다음 중 '감(感)'이 쓰이지 않은 어휘를 찾아 ◯ 하세요.

| 오감 | 감정이입 | 감동 | 감독 | 감상 |

5 문장을 각각 읽고 밑줄 친 곳에 들어갈 알맞은 어휘를 찾아 연결하세요.

책을 읽을 때 떠오르는 생각이나 _____ 을 메모해 두면 글을 쓸 때 도움이 된다.   ·

·   감정

총총이는 개나리를 관찰할 때, 돋보기로 보고 향기도 맡으며 _____ 을 이용했다.   ·

·   오감

랑랑쌤은 영화 속 주인공에게 _____ 을 하여 눈물을 쏟아 냈다.   ·

·   감탄

추운 겨울, 멍멍이가 김이 모락모락 나는 달콤한 호빵 맛에 _____ 했다.   ·

·   감정이입

6 제시된 어휘 중 알맞은 것을 활용하여 문장을 완성하세요.

감상
vs
감탄

✎ 문장에서 '느낌표(!)'는 주로 _____ 때 사용한다.

오감
vs
공감

✎ 그 글은 작가의 어린 시절을 솔직하게 그려 내서 많은 독자의

_____ 얻었다.

어휘랑 총정리

1 빈칸에 공통으로 들어가는 글자를 찾아 연결하세요.

오[ ]

[ ]정이입

• · 사람 **자(者)**

창[ ]

저[ ]권

• · 지을 **작(作)**

화[ ]

발표[ ]

• · 느낄 **감(感)**

2 문장을 각각 읽고 내용에 알맞은 어휘를 골라 ◯ 하세요.

📢 명명이는 아이돌 콘서트에 가고 싶다고 부모님을 (**설득** / 연**설** / **설**화 / 소**설**)했다.

📢 요즘 드라마는 웹툰이 (**작**가 / 원**작** / **작**성 / 저**작**권)인 작품이 많다.

📢 총총이는 엄마가 짓는 표정의 (**의**지 / 동**의** / **의미** / 유**의**)를 알 수 없었다.

📢 미미가 책을 읽고 난 뒤, 심심이에게 (**감**상 / 오**감** / 공**감** / **감**탄)을 이야기했다.

28

3 채팅 속 빈칸에 들어갈 글자를 쓰고, 같은 한자가 들어간 어휘를 찾아 묶으세요.

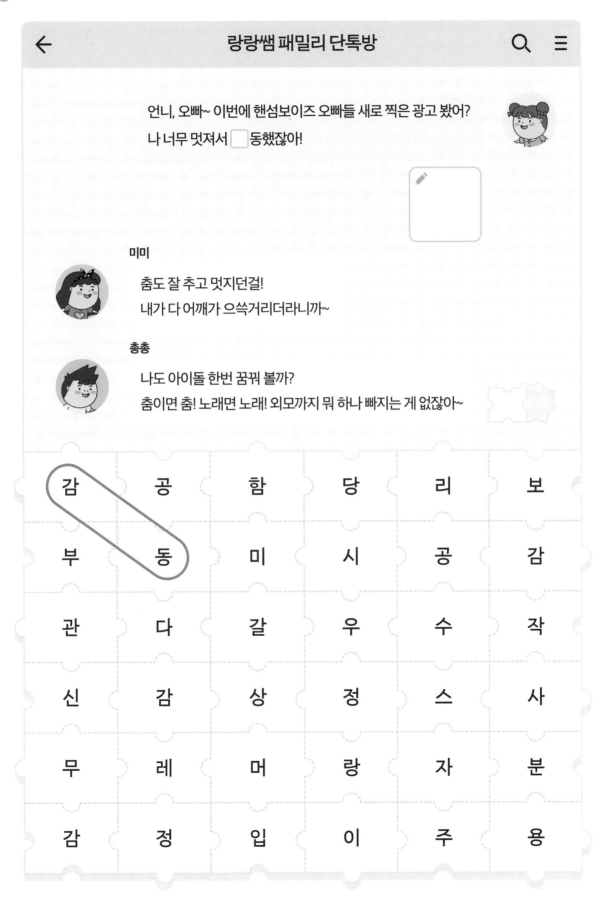

4 가로세로 열쇠의 뜻풀이를 읽고 퍼즐을 완성하세요.

❶				❷	❷ 의(意)
❶ 설(說)					
❸					
❸ 작(作)			❹	❹ 감(感)	

가로 열쇠

❶ 상대방이 나의 주장이나 의견을 따르
도록 만드는 말하기
❷ 어떤 사실이나 행동 등이 가지는 가치
❸ 문학, 사진, 그림, 조각 등 예술 작품을
만드는 사람
❹ 다른 사람의 감정, 의견, 주장 등에 대
해 자신도 그렇다고 느끼는 것

세로 열쇠

❶ 겉으로 보기에 말이 안 되는 것 같지만
그 안에 진실을 드러내는 말하기
❷ 무엇을 하고자 하는 생각이나 계획
❸ 음악, 영화, 게임 등 작품을 만든 사람
의 권리
❹ 어떤 일이나 대상에 대한 느낌, 기분

5 보기 속 어휘를 활용하여 문장을 완성하세요.

> **보기**
>
> 습작   동의   감탄   전설   사회자

예시 심심이 할머니가 우리 동네에 내려오는 <u>전설을</u> 이야기해 주셨다.

💬 노래자랑을 시작한다는 _____ 말에 사람들이 박수를 쳤다.

💬 화가 빈센트 반 고흐는 1,100여 점의 _____ 남겼다.

💬 아이들은 야외 수업을 하자는 랑랑쌤의 의견에 _____

💬 우리나라에는 _____ 나올 만큼 멋진 풍경을 가진 곳들이 많다.

6 제시된 어휘를 활용하여 문장을 만드세요.

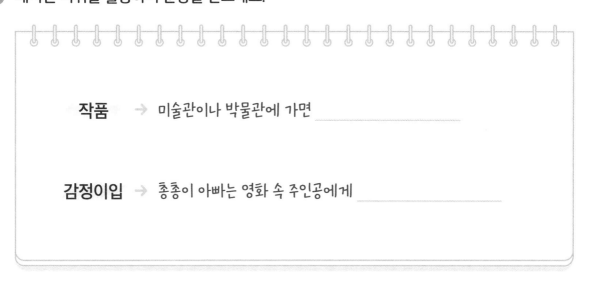

작품 → 미술관이나 박물관에 가면 _____

감정이입 → 총총이 아빠는 영화 속 주인공에게 _____

II

사회·역사

交
사귈 교

- 교통   · 교환
- 외교   · 교류

通
통할 통

- 통신   · 대중교통
- 유통   · 의사소통

公
공평할 공

- 공원   · 공중도덕
- 공약   · 공공 기관

共
함께 공

- 공통   · 공용
- 공동체 · 공동 주택

業
일 업

- 직업   · 기업
- 농업   · 어업

利
이로울 리

- 이익   · 이득
- 이자   · 이윤

會
모일 회

- 회사   · 사회
- 국회   · 집회

代
대신할 대

- 대표   · 대가
- 세대   · 대안

多
많을 다

- 다양성   · 다자녀
- 다도해   · 다방면

한자의 뜻과 음을 확인하고 따라 쓰세요.

한자 따라 쓰기

뜻
사귈

교 交

음   모양

✏️ 기본 교과 어휘

1 '교(交)'가 들어간 어휘를 읽어 보고, 뜻풀이에서 한자의 뜻과 연관된 글자에 ○ 하세요.

교통

交통

사귈 **교** 통할 **통**

⬇️

자동차, 기차, 배 등을 이용하여 사람이
⭕오고 가거나 짐을 실어 나르는 일

교환

交환

사귈 **교** 바꿀 **환**

⬇️

서로 바꿈

💡 아래 글을 읽고 질문에 답하세요.

7월 21일 수요일 햇빛 쨍쨍

크크크, 우린 환상의
짝꿍이라고~

제목 : 꿩 먹고 알 먹는 플리 마켓 체험

오늘 학교에서 플리 마켓이 열렸다. 동화책과 문구, 신발까지 다양한 물건을 구경할 수 있었다. 나는 심심이가 내놓은 축구공과 내 농구공을 물물 교환했다. 이런 행사를 하니, 다른 반 친구들과 교류도 하고 물건도 재활용할 수 있어 보람찼다.

6
일차

• 총총이는 플리 마켓에서 무엇을 했나요?

💬 심심이의 축구공과 자신의 농구공을 ＿＿＿＿＿＿＿했다.

• 총총이는 왜 플리 마켓에서 꿩 먹고 알 먹는다고 표현했나요?

💬 다른 반 친구들과 ＿＿＿＿＿＿＿도 하고 물건도 재활용할 수 있기 때문이다.

외교

외交

바깥 **외** 사귈 **교**

다른 나라와 정치적·경제적·
문화적 **관계를 맺는** 일

교류

交류

사귈 **교** 흐를 **류**

서로 다른 개인, 지역, 나라끼리
물건이나 문화 등을 **주고받음**

2 뜻풀이를 각각 읽고 빈칸을 채워 어휘를 완성하세요.

두 나라가 **관계를 맺음**

어떤 일을 이루기 위해 **서로 의견을 주고받으며 조절함**

수 [ ]

[ ] 섭

交

나라끼리 물건을 사고팔며 **서로 바꿈**

물건과 물건을 **서로 바꾸는 일**

[ ] 역

물물 [ ] 환

3 '교(交)'의 뜻을 떠올리며 밑줄 친 곳에 공통으로 들어갈 글자를 쓰세요.

교역은 나라끼리 물건을 사고팔며 _____ 바꾸는 것을 말하지.

물물 교환은 물건과 물건을 _____ 바꾸는 일이야.

4 다음 중 '교(交)'가 쓰이지 않은 어휘를 찾아 ◯ 하세요.

| 교실 | 수교 | 외교 | 교류 | 교환 |

5 문장을 각각 읽고 밑줄 친 곳에 들어갈 알맞은 어휘를 찾아 연결하세요.

돈이 생기기 전에는 _____을 통해 직접 필요한 물건을 얻었다.   •   •   교통

심심이는 새로 산 역사책에서 찢어진 부분을 발견하고 서점에서 _____했다.   •   •   교환

홍선 대원군은 왕권을 강하게 만들기 위해 다른 나라와의 _____를 반대했다.   •   •   수교

_____이 발달하면서 지역 간의 이동 시간이 줄어들었다.   •   •   물물 교환

6 제시된 어휘 중 알맞은 것을 활용하여 문장을 완성하세요.

교류
vs
교역

💬 다른 지역과 _____ 자기 지역에서

생산되지 않은 물건을 쉽게 구할 수 있다.

외교
vs
교환

💬 우리나라는 옛날부터 이웃 나라인 중국, 일본과

_____ 관계를 맺었다.

한자의 뜻과 음을 확인하고 따라 쓰세요.

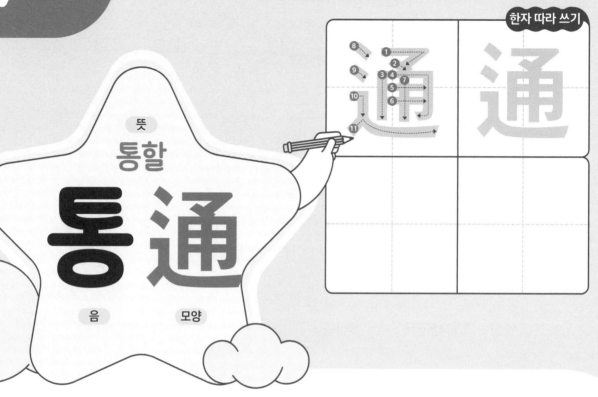

한자 따라 쓰기

뜻
통할

통 通

음   모양

✏️ 기본 교과 어휘

1 '통(通)'이 들어간 어휘를 읽어 보고, 뜻풀이에서 한자의 뜻과 연관된 글자에 ○ 하세요.

통신

通신

통할 통 믿을 신

소식이나 정보를 주고받음

대중교통

대중교通

큰 대 무리 중 사귈 교 통할 통

버스, 지하철, 배 등 여러 사람이
한꺼번에 이동하는 수단

💡 아래 글을 읽고 질문에 답하세요.

월드컵 경기장에 다녀와서

오랜만에 가족들과 축구 경기를 보러 갔다. 아빠는 한일전이라 사람이 많을 것이라며 대중교통을 타고 가자고 하셨다. 아빠 말대로 경기장은 사람들이 너무 많고 시끄러워 의사소통조차 어려웠다. 하지만 우리나라 선수가 골을 넣는 순간, 모두 한마음 한뜻이 된 듯 기쁨의 함성을 질렀다.

대한민국, 이겨라!

- 총총이네 가족은 월드컵 경기장에 어떻게 갔나요?

💬 ＿＿＿＿＿＿＿＿을 타고 갔다.

- 월드컵 경기장은 어떤 상태였나요?

💬 ＿＿＿＿＿＿＿＿을 하기 어려울 만큼 시끄러웠다.

유통

유通

흐를 **유** 통할 **통**

물건을 만든 곳에서 쓰는
사람에게 **전달되는** 과정

의사소통

의사소通

뜻 **의** 생각 **사** 소통할 **소** 통할 **통**

가지고 있는 생각이나 느낌이
서로 **통함**

2 뜻풀이를 각각 읽고 빈칸을 채워 어휘를 완성하세요.

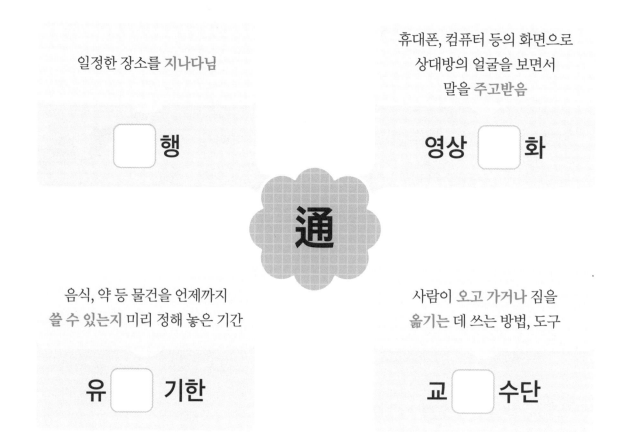

일정한 장소를 지나다님

☐행

휴대폰, 컴퓨터 등의 화면으로
상대방의 얼굴을 보면서
말을 주고받음

영상 ☐화

通

음식, 약 등 물건을 언제까지
쓸 수 있는지 미리 정해 놓은 기간

유 ☐ 기한

사람이 오고 가거나 짐을
옮기는 데 쓰는 방법, 도구

교 ☐ 수단

3 '통(通)'의 뜻을 떠올리며 밑줄 친 곳에 공통으로 들어갈 글자를 쓰세요.

통신은 소식이나 정보를
_____ 거야.

영상 통화는 휴대폰, 컴퓨터 등의
화면으로 상대방의 얼굴을 보면서
말을 _____ 것을 말하지.

4 다음 중 '통(通)'이 쓰이지 않은 어휘를 찾아 ◯ 하세요.

유통　　　휴지통　　　의사소통　　　대중교통　　　통행

5 문장을 각각 읽고 밑줄 친 곳에 들어갈 알맞은 어휘를 찾아 연결하세요.

랑랑쌤은 미국에 사는 조카와 ＿＿＿로
얼굴을 보며 안부를 물었다.　　　　　•　　　　•　영상 통화

＿＿＿은 아침저녁 출퇴근하는 사람들로
붐빈다.　　　　　　　　　　　　　•　　　　•　통행

공사장 앞에 사람들의 ＿＿＿을 막는 표
지판이 세워져 있다.　　　　　　　•　　　　•　대중교통

'봉수'는 불이나 연기를 피워 먼 곳에 소
식을 전하는 조선 시대 ＿＿＿ 방법이다.　•　　　•　통신

6 제시된 어휘 중 알맞은 것을 활용하여 문장을 완성하세요.

의사소통
vs
대중교통

💬 프랑스 여행을 간 총총이 엄마는 식당에서 말이 통하지 않자,

손짓, 발짓으로 ＿＿＿＿＿＿＿＿＿＿＿＿ 했다.

유통 기한
vs
교통수단

💬 명명이는 ＿＿＿＿＿＿＿＿＿＿＿ 지난 도시락을 먹고

배탈이 났다.

8 일차

한자의 뜻과 음을 확인하고 따라 쓰세요.

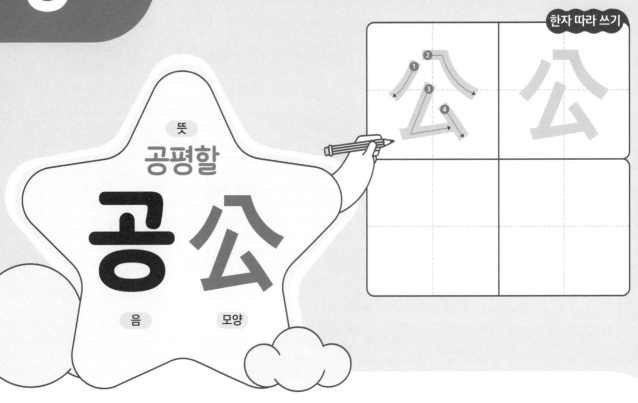

한자 따라 쓰기

뜻
공평할
공 公
음   모양

✏️ 기본 교과 어휘

1 '공(公)'이 들어간 어휘를 읽어 보고, 뜻풀이에서 한자의 뜻과 연관된 글자에 ○ 하세요.

공원

公원

공평할 **공** 동산 원

여러 사람의 건강, 휴식을 위해
만든 넓은 공간

공중도덕

公중도덕

공평할 **공** 무리 중 길 도 덕 덕

여러 사람이 지켜야 할
사회적인 규칙

💡 아래 글을 읽고 질문에 답하세요.

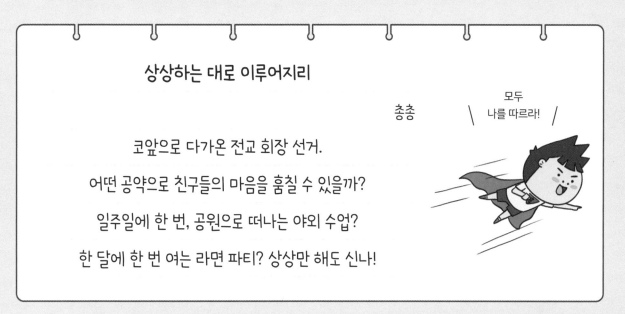

상상하는 대로 이루어지리

총총

모두
나를 따르라!

코앞으로 다가온 전교 회장 선거.

어떤 공약으로 친구들의 마음을 훔칠 수 있을까?

일주일에 한 번, 공원으로 떠나는 야외 수업?

한 달에 한 번 여는 라면 파티? 상상만 해도 신나!

8
일차

• 전교 회장 선거를 앞둔 총총이는 무엇을 준비하고 있나요?

💬 친구들의 마음을 훔칠 만한 _____을 고민하고 있다.

• 총총이는 야외 수업 장소로 어디를 생각하고 있나요?

💬 _____

공약

公약

공평할 공 맺을 약

선거에 나온 후보자 등이 **여러 사람**에게
어떤 일을 실천할 것을 약속함

공공 기관

公공 기관

공평할 공 함께 공 틀 기 관계할 관

국민의 이익을 위해
일하는 곳

2 뜻풀이를 각각 읽고 빈칸을 채워 어휘를 완성하세요.

시청, 동사무소 등에서
나라를 위해 일하는 사람

[　] 무원

물건을 만든 사람에게
올바르고 마땅한 대가를 주고
물건을 사는 것

[　] 정 무역

公

나라나 공공 기관이
중요한 정책을 결정하기 전에
공개적으로 의견을 듣는 모임

[　] 청회

나라에서 여러 사람이
편리하게 생활하도록 만든 시설

[　] 공시설

3 '공(公)'의 뜻을 떠올리며 밑줄 친 곳에 공통으로 들어갈 글자를 쓰세요.

공원은 _____의 건강,
휴식을 위해 만든 넓은
공간이야.

공공시설은 나라에서 _____이
편리하게 생활하도록 만든 시설을
가리키지.

_____

4 다음 중 '공(公)'이 쓰이지 않은 어휘를 찾아 ○ 하세요.

| 공약 | 공정 무역 | 공원 | 성공 | 공무원 |

5 문장을 각각 읽고 밑줄 친 곳에 들어갈 알맞은 어휘를 찾아 연결하세요.

총총이 아빠는 건강을 위해 아침마다
동네 _____ 을 한 바퀴 돈다. ·   · 공공 기관

심심이네 학교 옆에는 우체국, 소방서 등
의 _____ 이 있다. ·   · 공원

소방관과 경찰관은 나라를 위해 일하는
_____ 이다. ·   · 공무원

대형 마트가 들어서는 문제로 시장 상인들
이 반대하자, 구청에서는 _____ 를 열었다. ·   · 공청회

6 제시된 어휘 중 알맞은 것을 활용하여 문장을 완성하세요.

공중도덕
vs
공공 기관

💬 지하철에서 큰 소리로 떠들거나 뛰어다니는 행동은

_____ 어긋난다.

공정 무역
vs
공공시설

💬 어린이 도서관, 놀이터와 같은 _____ 국민이 낸

세금으로 만들었기 때문에 누구든지 이용할 수 있다.

한자의 뜻과 음을 확인하고 따라 쓰세요.

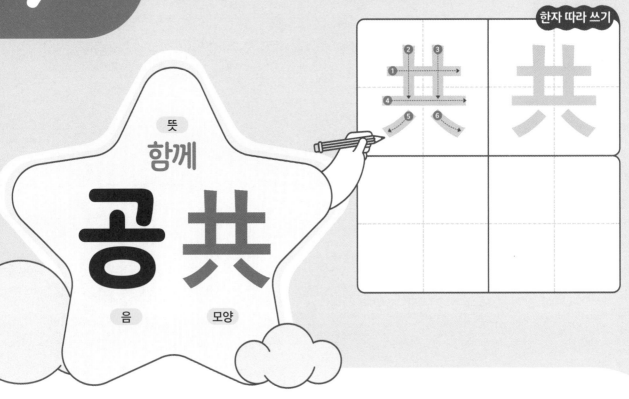

한자 따라 쓰기

뜻
함께

공 共

음   모양

✏️ 기본 교과 어휘

1 '공(共)'이 들어간 어휘를 읽어 보고, 뜻풀이에서 한자의 뜻과 연관된 글자에 ◯ 하세요.

공통
共통
함께 공 통할 통

여럿 사이에 (두루) 통함

공용
共용
함께 공 쓸 용

함께 씀

💡 아래 글을 읽고 질문에 답하세요.

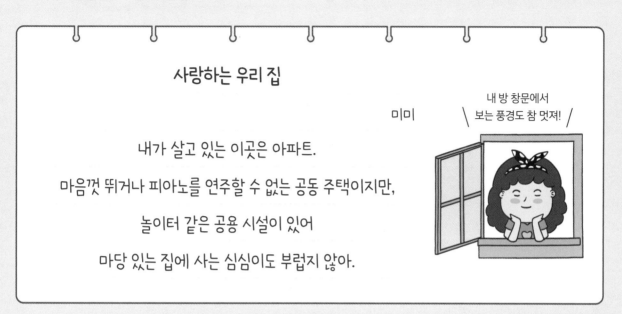

사랑하는 우리 집

미미

내가 살고 있는 이곳은 아파트.

마음껏 뛰거나 피아노를 연주할 수 없는 공동 주택이지만,

놀이터 같은 공용 시설이 있어

마당 있는 집에 사는 심심이도 부럽지 않아.

내 방 창문에서 보는 풍경도 참 멋져!

9 일차

• 미미가 생각하는 아파트의 단점은 무엇인가요?

💬 아파트는 _____이다 보니, 자유롭게 뛰거나 피아노를 연주할 수 없다.

• 미미가 생각하는 아파트의 장점은 무엇인가요?

💬 놀이터 같은 _____ 시설이 있어 편리하다.

공동체

共동체

함께 **공** 같을 **동** 몸 **체**

생활이나 행동, 목적 등을
함께하는 무리

공동 주택

共동 주택

함께 **공** 같을 **동** 살 **주** 집 **택**

한 건물의 벽, 복도 등을 여러 사람이
함께 쓰면서 각자 생활할 수 있는 집

2 뜻풀이를 각각 읽고 빈칸을 채워 어휘를 완성하세요.

모든 재산을 함께 나누어
갖는 것이 옳다고
주장하는 사회 제도

☐ 산주의

도로, 다리, 공원 등 모든 사람이
함께 이용하는 물건과 서비스

공 ☐ 재

共

둘 이상의 사물이나 현상이
함께 있음

☐ 존

나라에서 모두의 이익을 위해
벌이는 일

공 ☐ 사업

3 '공(共)'의 뜻을 떠올리며 밑줄 친 곳에 공통으로 들어갈 글자를 쓰세요.

공동체는 생활이나 행동,
목적 등을 _____ 하는
무리야.

공공재는 도로, 다리, 공원 등
모든 사람이 _____ 이용하는
물건과 서비스를 가리키지.

✏️ _____

4 다음 중 '공(共)'이 쓰이지 않은 어휘를 찾아 ○ 하세요.

공주   공공재   공동체   공공사업   공통

9
일차

5 문장을 각각 읽고 밑줄 친 곳에 들어갈 알맞은 어휘를 찾아 연결하세요.

미미는 남녀 _____ 장갑을 두 개 사서 총 총이와 나누어 가졌다. •

북한은 개인의 재산을 인정하지 않는 _____ 국가이다. •

심심이와 총총이는 축구를 좋아한다는 _____ 점이 있다. •

나라에서는 홍수를 막기 위한 _____ 으로 댐을 만들었다. •

• 공산주의

• 공통

• 공공사업

• 공용

6 제시된 어휘 중 알맞은 것을 활용하여 문장을 완성하세요.

공동 주택
vs
공공사업

✎ 아파트 같은 _____ 밤 늦게 뛰어다니거나 청소기를 돌리면 안 된다.

공통
vs
공존

✎ 전주한옥마을은 한국의 전통과 현대가 _____ 매력적인 관광지이다.

공부한 날 _____ 월 _____ 일

한자의 뜻과 음을 확인하고 따라 쓰세요.

한자 따라 쓰기

뜻
일
업 業
음 모양

✏️ 기본 교과 어휘

1 '업(業)'이 들어간 어휘를 읽어 보고, 뜻풀이에서 한자의 뜻과 연관된 글자에 ○ 하세요.

직업

직業

벼슬 직 일 업

살아가는 데 필요한 돈을 벌기 위해
일정한 기간 동안 계속하는 (일)

기업

기業

꾀할 기 일 업

이익을 얻기 위해 물건이나
서비스를 만들고 파는 **일**을 하는 곳

💡 아래 글을 읽고 질문에 답하세요.

한마음 한뜻으로

심심

우린 떼려야 뗄 수 없는 사이지~

콜록콜록, 쌓인 먼지를 털어 내는 청소 시간.

쓱싹쓱싹, 나는 비질, 총총이는 걸레질.

분업을 할수록 빨라지는 하교 시간.

어른이 되면 둘이서 청소하는 기업을 만들어 볼까?

• 심심이와 총총이처럼 여럿이 일을 나누어 하는 것을 무엇이라고 하나요?

🗨 _____

• 심심이는 손발이 척척 맞는 총총이를 보며 어떤 미래를 상상하나요?

🗨 둘이서 청소하는 _____ 을 세운다.

농업

농業

농사 **농** 일 **업**

땅을 이용하여 식물을
가꾸거나 동물을 기르는 **일**

어업

어業

고기잡을 **어** 일 **업**

물고기, 조개, 미역 등을
잡거나 기르는 **일**

51

2 뜻풀이를 각각 읽고 빈칸을 채워 어휘를 완성하세요.

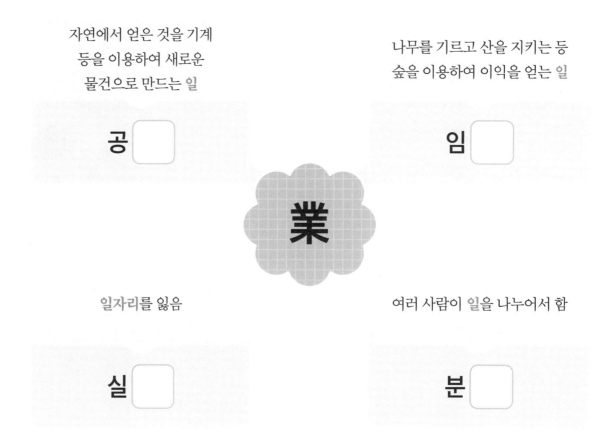

자연에서 얻은 것을 기계
등을 이용하여 새로운
물건으로 만드는 일

공 ☐

나무를 기르고 산을 지키는 등
숲을 이용하여 이익을 얻는 일

임 ☐

業

일자리를 잃음

실 ☐

여러 사람이 일을 나누어서 함

분 ☐

3 '업(業)'의 뜻을 떠올리며 밑줄 친 곳에 공통으로 들어갈 글자를 쓰세요.

직업은 살아가는 데 필요한
돈을 벌기 위해 일정한 기간
동안 계속하는 ＿＿＿이야.

분업은 여러 사람이
＿＿＿을 나누어서
하는 것을 말하지.

4 다음 중 '업(業)'이 쓰이지 않은 어휘를 찾아 ○ 하세요.

분업   업신여김   직업   농업   실업

10 일차

5 문장을 각각 읽고 밑줄 친 곳에 들어갈 알맞은 어휘를 찾아 연결하세요.

_____들은 텔레비전이나 인터넷 광고를 통해 제품을 홍보한다.

실업

_____을 하면 물건을 빠르게 많이 만들 수 있다.

기업

미미는 '아이돌'이라는 _____을 가지기 위해 매일 춤 연습을 한다.

분업

경제가 어려워지면, 공장이 문을 닫고, _____자가 늘어난다.

직업

6 제시된 어휘 중 알맞은 것을 활용하여 문장을 완성하세요.

농업
vs
공업

💬 수도권은 일할 사람이 많고, 교통이 편리하여 물건을 만드는

_____ 발달했다.

어업
vs
임업

💬 우리나라는 땅의 70%가 산으로 이루어져 있어,

_____ 발달했다.

11 일차

한자의 뜻과 음을 확인하고 따라 쓰세요.

뜻
이로울

리 利

음   모양

✏️ 기본 교과 어휘

1 '리(利)'가 들어간 어휘를 읽어 보고, 뜻풀이에서 한자의 뜻과 연관된 글자에 ◯ 하세요.

이익

이득

利익

利득

이로울 **리** 더할 익

이로울 **리** 얻을 득

물질적으로나 정신적으로
ⓑ보탬ⓑ이 되는 것

이익을 얻음

💡 아래 글을 읽고 질문에 답하세요.

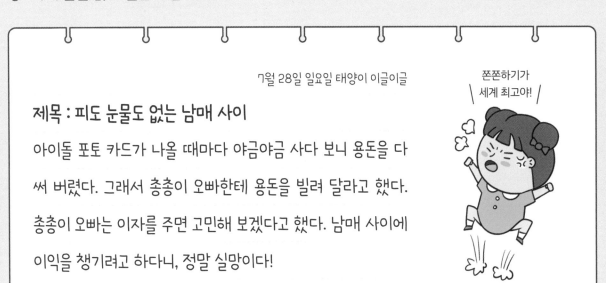

7월 28일 일요일 태양이 이글이글

제목 : 피도 눈물도 없는 남매 사이

아이돌 포토 카드가 나올 때마다 야금야금 사다 보니 용돈을 다 써 버렸다. 그래서 총총이 오빠한테 용돈을 빌려 달라고 했다. 총총이 오빠는 이자를 주면 고민해 보겠다고 했다. 남매 사이에 이익을 챙기려고 하다니, 정말 실망이다!

쫀쫀하기가 세계 최고야!

• 총총이는 용돈을 빌려 달라는 명명이에게 뭐라고 대꾸했나요?

💬 _____를 주면 고민해 보겠다.

• 명명이가 총총이에게 실망한 이유는 무엇인가요?

💬 남매 사이에 _____을 챙기려고 하기 때문이다.

이자	**이윤**
利자	**利윤**
이로울 **리** 아들 **자**	이로울 **리** 불을 **윤**
남에게 돈을 빌려 쓴 대가로 **치르는 돈**	물건을 팔아서 번 돈에서 물건을 만들 때 쓴 돈을 빼고 남은 **이익**

55

2 뜻풀이를 각각 읽고 빈칸을 채워 어휘를 완성하세요.

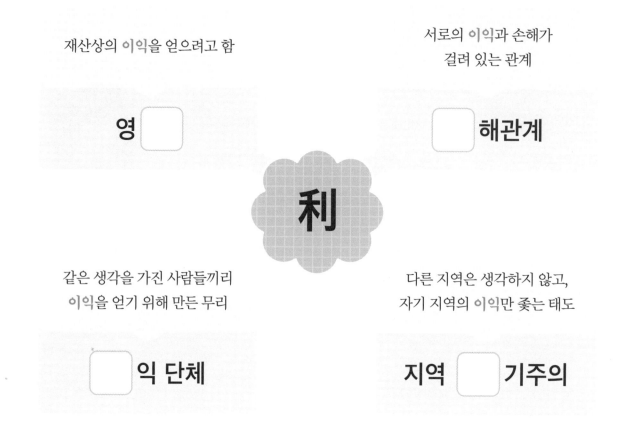

재산상의 이익을 얻으려고 함

영 ☐

서로의 이익과 손해가
걸려 있는 관계

☐ 해관계

利

같은 생각을 가진 사람들끼리
이익을 얻기 위해 만든 무리

☐ 익 단체

다른 지역은 생각하지 않고,
자기 지역의 이익만 좇는 태도

지역 ☐ 기주의

3 '리(利)'의 뜻을 떠올리며 밑줄 친 곳에 공통으로 들어갈 글자를 쓰세요.

이득은 _____을 얻는
거야.

이익 단체는 같은 생각을 가진
사람들끼리 _____을 얻기 위해
만든 무리를 말하지.

✐ _____

4 다음 중 '리(利)'가 쓰이지 않은 어휘를 찾아 ○ 하세요.

이자   이윤   이유   이득   이해관계

5 문장을 각각 읽고 밑줄 친 곳에 들어갈 알맞은 어휘를 찾아 연결하세요.

_____로 인해 장애인 시설이 들어설 곳이 없다.   •   •   이익

은행에 돈을 맡기는 기간이 길어질수록 _____가 많아진다.   •   •   이자

지구촌 시대에 세계 모든 나라는 _____로 얽혀 있다.   •   •   이해관계

심심이는 바자회에서 물건을 팔아 얻은 _____을 계산해 보았다.   •   •   지역 이기주의

6 제시된 어휘 중 알맞은 것을 활용하여 문장을 완성하세요.

이득
vs
이자

🖋 랑랑쌤은 반값 할인 행사로 노트 두 개를 사서 돈을 쓰고도

_____ 생각했다.

이윤
vs
영리

🖋 사과를 떨이로 파는 상인은 총총이 엄마에게 _____

안 남을 정도로 싼값에 파는 것이라고 말했다.

한자의 뜻과 음을 확인하고 따라 쓰세요.

한자 따라 쓰기

뜻
모일

회 會

음   모양

✏️ 기본 교과 어휘

1 '회(會)'가 들어간 어휘를 읽어 보고, 뜻풀이에서 한자의 뜻과 연관된 글자에 ○ 하세요.

회사

會사
모일 회 모일 사

경제적인 이익을 얻기 위한
목적으로 (모인) 집단

사회

사會
모일 사 모일 회

함께 **모여** 살아가는
모든 형태의 인간 집단

💡 **아래 글을 읽고 질문에 답하세요.**

친구들에게

오늘은 어버이날이야. 부모님의 은혜에 감사드리는 날이지. 모두 부모님 가슴에 카네이션 한 송이씩 달아 드렸는지 모르겠구나. 너희 뒷바라지하랴, 회사 출근하랴 애쓰는 부모님께 항상 감사하자. 너희가 어른이 되어 사회에 나가면 그 사랑이 얼마나 대단한 것인지 알 수 있을 거야.

– 랑랑쌤

전국의 어머니, 아버지 존경합니다♥

• 랑랑쌤은 어버이날을 맞이해서 친구들에게 어떤 당부를 했나요?

✏ 뒷바라지하랴, ＿＿＿＿＿＿＿ 출근하랴 애쓰는 부모님께 항상 감사하자.

• 친구들은 언제쯤 부모님의 사랑이 대단하다는 것을 느낄 수 있을까요?

✏ 어른이 되어 ＿＿＿＿＿＿＿ 에 나가면 알 수 있을 것이다.

국회

국會

나라 **국** 모일 **회**

국회 의원들이 **모여**
법을 만들고 함께 일하는 곳

집회

집會

모을 **집** 모일 **회**

여러 사람이 어떤 목적을 위해
일시적으로 **모임**

2 뜻풀이를 각각 읽고 빈칸을 채워 어휘를 완성하세요.

집회, 회의 등 모임을 마침

사회를 살아가는 데 필요한
규칙, 가치 등을 배워 가는 과정

폐 [ ]

사 [ ] 화

會

국민의 대표로서 국회에 모여
나랏일을 하는 사람들

인간의 모든 행동에 정보가
중요한 역할을 하는 사회

국 [ ] 의원

정보 사 [ ]

3 '회(會)'의 뜻을 떠올리며 밑줄 친 곳에 공통으로 들어갈 글자를 쓰세요.

사회는 함께 _____
살아가는 모든 형태의
인간 집단이에요.

국회 의원은 국민의 대표로서
국회에 _____ 나랏일을 하는
사람들을 말하지.

_____

정답 **14**쪽

4 다음 중 '회(會)'가 쓰이지 않은 어휘를 찾아 ◯ 하세요.

사회   국회   회복   정보 사회   사회화

12
일차

5 문장을 각각 읽고 밑줄 친 곳에 들어갈 알맞은 어휘를 찾아 연결하세요.

심심이는 지난 주말, 엄마와 함께 환경 보호를 외치는 _____에 참여했다. •   • 폐회

전 세계 사람들이 지켜보는 가운데 올림픽이 마침내 _____했다. •   • 국회 의원

총총이 아빠가 다니는 의류 _____에서는 어린이가 입는 옷을 만든다. •   • 회사

_____은 한번 뽑히면 4년 동안 국회에서 일한다. •   • 집회

6 제시된 어휘 중 알맞은 것을 활용하여 문장을 완성하세요.

사회화
vs
정보 사회

💬 인터넷 범죄, 스마트폰 중독과 같은 문제는

_____ 지닌 어두운 면이다.

회사
vs
사회

💬 고조선 _____ 남의 것을 도둑질한 사람을

엄하게 다스렸다.

한자의 뜻과 음을 확인하고 따라 쓰세요.

뜻
대신할
대 代
음   모양

✏️ 기본 교과 어휘

1 '대(代)'가 들어간 어휘를 읽어 보고, 뜻풀이에서 한자의 뜻과 연관된 글자에 ○ 하세요.

대표

代표

대신할 대 겉 표

여러 사람을 대신하여 일을 하거나
의견을 나타내는 사람

대가

代가

대신할 대 값 가

일을 하고 그에 대한 값으로
받는 보답

💡 아래 글을 읽고 질문에 답하세요.

학교 음악 시간에 힙합을 들읍시다!

요즘 학생들은 공부하랴, 꿈 찾으랴 스트레스가 많다. 이럴 때 힙합을 들으면 스트레스를 한 방에 풀 수 있다. 힙합은 우리의 마음을 대변해 주는 음악이기 때문이다. 선생님들은 시끄럽고 알아듣기 어렵다며 반대할지도 모른다. 하지만 세대 차이를 극복하기 위해, 우리가 좋아하는 음악을 같이 들으면 좋겠다.

모두 힙합의 매력에 빠질 준비됐나요?

13
일차

• 총총이는 왜 음악 시간에 힙합을 들어야 한다고 주장하나요?

💬 힙합은 자기들의 마음을 ＿＿＿＿＿＿＿ 하기 때문이다.

• 총총이는 왜 힙합을 선생님과 함께 듣고 싶어 하나요?

💬 ＿＿＿＿＿＿＿ 차이를 극복하기 위함이다.

세대

세代

인간 **세** 대신할 **대**

같은 시대에 살면서 비슷한 생각을
가진 일정한 나이**대**의 사람들

대안

代안

대신할 **대** 책상 **안**

어떤 일을 **대신할** 방법

2 뜻풀이를 각각 읽고 빈칸을 채워 어휘를 완성하세요.

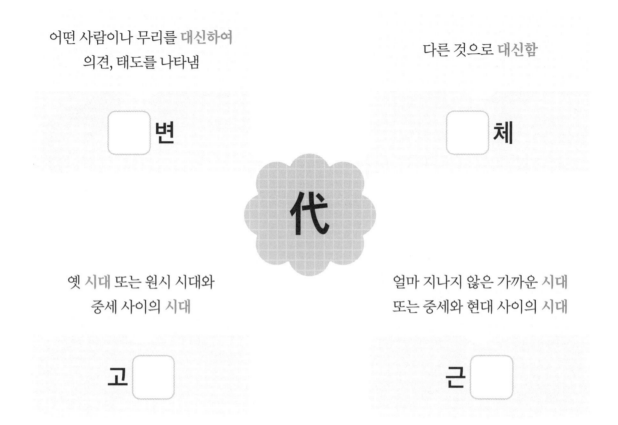

어떤 사람이나 무리를 대신하여
의견, 태도를 나타냄

☐ 변

다른 것으로 대신함

☐ 체

代

옛 시대 또는 원시 시대와
중세 사이의 시대

고 ☐

얼마 지나지 않은 가까운 시대
또는 중세와 현대 사이의 시대

근 ☐

3 '대(代)'의 뜻을 떠올리며 밑줄 친 곳에 공통으로 들어갈 글자를 쓰세요.

대안은 어떤 일을
_____ 할 방법이야.

대변은 어떤 사람이나 무리를
_____ 하여 의견, 태도를
나타내는 거지.

4 다음 중 '대(代)'가 쓰이지 않은 어휘를 찾아 ○ 하세요.

> 대변   대안   대표   대통령   근대

5 문장을 각각 읽고 밑줄 친 곳에 들어갈 알맞은 어휘를 찾아 연결하세요.

_____ 이집트에서는 왕의 무덤으로 피라미드를 만들었다.   •   •   대변

총총이는 학교 _____ 축구 선수이다.   •   •   대표

국회 의원은 국민의 의견을 _____ 하여 나랏일을 결정한다.   •   •   세대

심심이의 할아버지는 6·25 전쟁을 겪은 _____ 이다.   •   •   고대

6 제시된 어휘 중 알맞은 것을 활용하여 문장을 완성하세요.

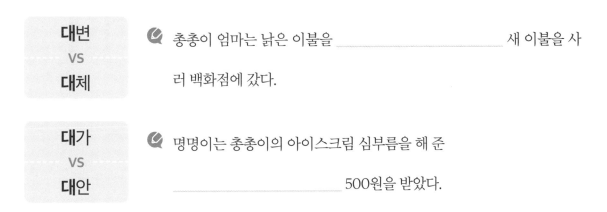

대변
VS
대체
💬 총총이 엄마는 낡은 이불을 _____ 새 이불을 사러 백화점에 갔다.

대가
VS
대안
💬 명명이는 총총이의 아이스크림 심부름을 해 준 _____ 500원을 받았다.

한자의 뜻과 음을 확인하고 따라 쓰세요.

한자 따라 쓰기

뜻 많을

다 多

음 　　　 모양

✏️ 기본 교과 어휘

1 '다(多)'가 들어간 어휘를 읽어 보고, 뜻풀이에서 한자의 뜻과 연관된 글자에 ○ 하세요.

다양성

多양성

많을 다 모양 양 성품 성

⬇️

모양, 빛깔 등이 여러 가지로
많은 특성

다자녀

多자녀

많을 다 아들 자 계집 녀

⬇️

자녀가 많음

💡 아래 글을 읽고 질문에 답하세요.

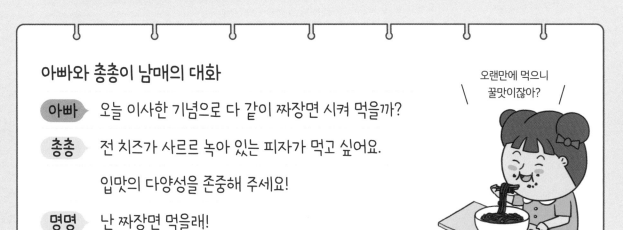

아빠와 총총이 남매의 대화

아빠 오늘 이사한 기념으로 다 같이 짜장면 시켜 먹을까?

총총 전 치즈가 사르르 녹아 있는 피자가 먹고 싶어요.

입맛의 다양성을 존중해 주세요!

명명 난 짜장면 먹을래!

아빠 그럼 먹고 싶은 메뉴를 다수결로 정하자.

오랜만에 먹으니
꿀맛이잖아?

- 총총이는 짜장면을 먹자는 아빠의 제안에 뭐라고 대답했나요?

  💬 입맛의 _____을 존중해 달라.

- 결국 총총이 아빠는 메뉴를 어떻게 정하기로 했나요?

  💬 _____

다도해

多도해

많을 다 섬 도 바다 해

많은 섬이 가까운 거리에
흩어져 있는 바다

다방면

多방면

많을 다 모 방 낮 면

여러 분야

2 뜻풀이를 각각 읽고 빈칸을 채워 어휘를 완성하세요.

홍수를 조절하고 농사에 필요한
물을 대는 등 여러 가지 목적을
위해 만든 댐

☐ 목적 댐

여러 나라에 회사를 두어
물건을 만들고 파는 기업

☐ 국적 기업

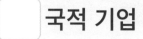

어떤 문제를 결정할 때,
많은 사람의 의견에 따르는 것

☐ 수결

여러 민족으로 이루어진 나라

☐ 민족 국가

3 '다(多)'의 뜻을 떠올리며 밑줄 친 곳에 공통으로 들어갈 글자를 쓰세요.

다도해는 ＿＿＿＿ 섬이
가까운 거리에 흩어져
있는 바다야.

다수결은 어떤 문제를 결정
할 때, ＿＿＿＿ 사람의 의견
에 따르는 것을 말하지.

＿＿＿＿＿＿＿＿＿＿＿＿＿

4 다음 중 '다(多)'가 쓰이지 않은 어휘를 찾아 ○ 하세요.

<table>
<tr><td>다도해</td><td>다자녀</td><td>다수결</td><td>다국적 기업</td><td>다리</td></tr>
</table>

5 문장을 각각 읽고 밑줄 친 곳에 들어갈 알맞은 어휘를 찾아 연결하세요.

가을 소풍은 _____ 에 의해 놀이공원으로 결정되었다.   •

우리나라 남해안의 _____ 는 경치가 아름다워 '해상 국립 공원'으로 지정되었다.   •

총총이 아빠의 회사는 스위스에 본사가 있는 _____ 이다.   •

세종 대왕은 언어뿐만 아니라 수학, 과학 등 _____ 에서 뛰어났다.   •

• 다수결

• 다도해

• 다방면

• 다국적 기업

6 제시된 어휘 중 알맞은 것을 활용하여 문장을 완성하세요.

다국적 기업
vs
다민족 국가

💬 미국은 유럽, 아프리카, 아시아 등 세계 각국에서 온 사람들이 모여

사는 _____

다양성
vs
다수결

💬 총총이와 심심이는 좋아하는 음식이나 노래 취향은 다르지만

서로의 _____ 존중한다.

어휘랑 총정리

1 빈칸에 공통으로 들어가는 글자를 찾아 연결하세요.

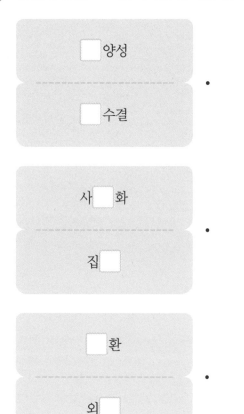

☐양성

☐수결

사☐화

집☐

☐환

외☐

· 사귈 교(交)

· 모일 회(會)

· 많을 다(多)

2 문장을 각각 읽고 내용에 알맞은 어휘를 골라 ◯ 하세요.

◁: 심심이는 안 쓰는 지우개를 미미의 연필과 (외교 / 교류 / 교섭 / 물물 교환)했다.

◁: 대통령 후보들은 (공무원 / 공청회 / 공약 / 공원)을 내세우며 서로 뽑아 달라고 외쳤다.

◁: 국회 의사당은 (사회 / 국회 / 집회 / 회사)가 열리는 장소를 말한다.

◁: 우리나라 남해안은 크고 작은 섬이 많은 (다도해 / 다자녀 / 다수결 / 다양성)이다.

70

3 채팅 속 빈칸에 들어갈 글자를 쓰고, 같은 한자가 들어간 어휘를 찾아 묶으세요.

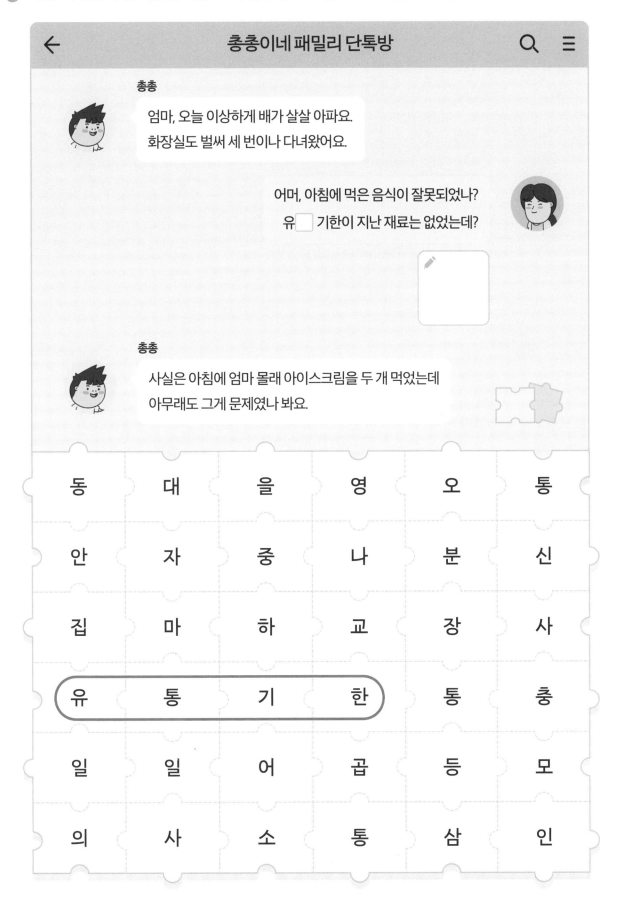

4 가로세로 열쇠의 뜻풀이를 읽고 퍼즐을 완성하세요.

❶ 의		❷	❷ 공(共)		업
❶ 통(通)				❹	❹ 대(代)
		❸❸ 이(利)			

가로 열쇠

❶ 일정한 장소를 지나다님
❷ 나라에서 모두의 이익을 위해 벌이는 일
❸ 남에게 돈을 빌려 쓴 대가로 치르는 돈
❹ 얼마 지나지 않은 가까운 시대 또는 중세와 현대 사이의 시대

세로 열쇠

❶ 가지고 있는 생각이나 느낌이 서로 통함
❷ 둘 이상의 사물이나 현상이 함께 있음
❸ 물건을 팔아서 번 돈에서 물건을 만들 때 쓴 돈을 빼고 남은 이익
❹ 일을 하고 그에 대한 값으로 받는 보답

72

5 보기 속 어휘를 활용하여 문장을 완성하세요.

> **보기**
>
> 영상 통화   다수결   공무원   공공재   고대

예시 총총이네 반은 교훈을 <u>다수결로</u> 결정했다.

💬 심심이는 미국에 살고 있는 사촌 동생과 ＿＿＿＿＿＿＿＿＿＿＿ 했다.

💬 미미 삼촌의 직업은 시청에서 일하는 ＿＿＿＿＿＿＿＿＿＿＿

💬 시계가 없던 ＿＿＿＿＿＿＿＿＿ 별의 위치를 보며 시간을 확인했다.

💬 공원과 도로는 모두가 함께 사용하는 ＿＿＿＿＿＿＿＿＿＿＿

6 제시된 어휘를 활용하여 문장을 만드세요.

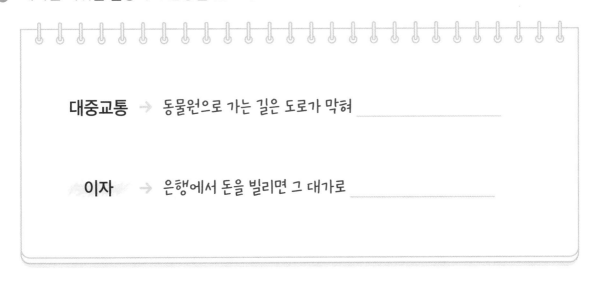

대중교통 → 동물원으로 가는 길은 도로가 막혀 ＿＿＿＿＿＿＿＿＿

이자 → 은행에서 돈을 빌리면 그 대가로 ＿＿＿＿＿＿＿＿＿

Ⅲ

수학·과학

매일 4쪽씩
재미있게 공부해요!

形 모양 형

- 도형
- 삼각형
- 사각형
- 오각형

角 뿔 각

- 각
- 각도
- 각도기
- 대각선

直 곧을 직

- 직선
- 직각
- 수직
- 직사각형

約 맺을 약

- 약
- 약속
- 약수
- 공약수

化 될 화

- 화석
- 소화
- 진화
- 부화

質 바탕 질

- 물질
- 성질
- 질량
- 단백질

電 번개 전

- 건전지
- 정전기
- 감전
- 방전

海 바다 해

- 해조류
- 해수
- 해풍
- 심해

力 힘 력

- 중력
- 속력
- 풍력
- 부력

공부한 날 _____ 월 _____ 일

한자의 뜻과 음을 확인하고 따라 쓰세요.

뜻
모양

형 形

음   모양

한자 따라 쓰기

形   形

✏️ 기본 교과 어휘

1 '형(形)'이 들어간 어휘를 읽어 보고, 뜻풀이에서 한자의 뜻과 연관된 글자에 ○ 하세요.

도형

도形

그림 **도** 모양 **형**

↓

점, 선, 면 등이 모여
이루어진 **모양**

삼각형

삼각形

석 **삼** 뿔 **각** 모양 **형**

세 개의 선분으로 둘러싸인 **도형**

💡 아래 글을 읽고 질문에 답하세요.

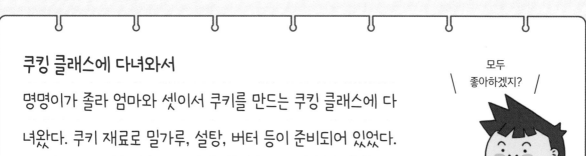

쿠킹 클래스에 다녀와서

명명이가 졸라 엄마와 셋이서 쿠키를 만드는 쿠킹 클래스에 다녀왔다. 쿠키 재료로 밀가루, 설탕, 버터 등이 준비되어 있었다. 먼저 밀가루로 반죽을 한 다음, 다양한 도형 틀로 모양을 찍어 냈다. 그리고 오븐에 맛있게 구웠다. 그중 사각형 초콜릿 쿠키는 심심이에게, 오각형 버터 쿠키는 미미에게 줄 생각이다.

모두
좋아하겠지?

15
일차

- 총총이는 쿠키 모양을 어떻게 만들었나요?

  ✍ 다양한 ＿＿＿＿＿＿＿＿ 틀로 찍어 냈다.

- 총총이는 친구들에게 어떤 모양의 쿠키를 주려고 하나요?

  ✍ 심심이에게는 ＿＿＿＿＿＿ 쿠키, 미미에게는 ＿＿＿＿＿ 쿠키를 줄 계획이다.

사각형

사각形

넉 **사** 뿔 **각** 모양 **형**

네 개의 선분으로 둘러싸인 **도형**

오각형

오각形

다섯 **오** 뿔 **각** 모양 **형**

다섯 개의 선분으로 둘러싸인 **도형**

2 뜻풀이를 각각 읽고 빈칸을 채워 어휘를 완성하세요.

두 변의 길이가 같은 삼각형

이등변삼각 ☐

세 변의 길이와 세 각의 크기가
모두 같은 삼각형

정삼각 ☐

形

네 변의 길이와 네 각의 크기가
모두 같은 사각형

정사각 ☐

셋 이상의 선분으로
둘러싸인 도형

다각 ☐

3 '형(形)'의 뜻을 떠올리며 밑줄 친 곳에 공통으로 들어갈 글자를 쓰세요.

삼각형은 세 개의
선분으로 둘러싸인
_____이야.

다각형은 셋 이상의
선분으로 둘러싸인
_____을 말해.

정답 18쪽

4 다음 중 '형(形)'이 쓰이지 않은 어휘를 찾아 ○ 하세요.

삼각형   형제   도형   다각형   정사각형

5 문장을 각각 읽고 밑줄 친 곳에 들어갈 알맞은 어휘를 찾아 연결하세요.

이웃하는 다섯 개의 점을 연결하면 _____ 이 된다.   •   •   오각형

미미는 똑같은 길이의 성냥개비 네 개로 _____ 을 만들었다.   •   •   정사각형

편의점에서 파는 삼각 김밥은 _____ 모 양에서 이름을 따왔다.   •   •   도형

미술 시간에 명명이는 여러 가지 _____ 을 이용하여 집을 그렸다.   •   •   삼각형

6 제시된 어휘 중 알맞은 것을 활용하여 문장을 완성하세요.

사각형
vs
오각형

✐ 우리 주위에서 볼 수 있는 창문, 공책, 사진은 모두

_____

정삼각형
vs
정사각형

✐ _____ 세 변의 길이가 모두 같으므로

이등변삼각형이라고도 할 수 있다.

16 일차

한자의 뜻과 음을 확인하고 따라 쓰세요.

뜻
뿔

각角

음
각

모양

한자 따라 쓰기

角　角

✎ 기본 교과 어휘

1 '각(角)'이 들어간 어휘를 읽어 보고, 뜻풀이에서 한자의 뜻과 연관된 글자에 ○ 하세요.

각

角

뿔 각

한 점에서 만나는 두 직선으로
이루어진 **모서리**

각도

角도

뿔 각 법도 도

각의 크기로, °로 표시함

💡 아래 글을 읽고 질문에 답하세요.

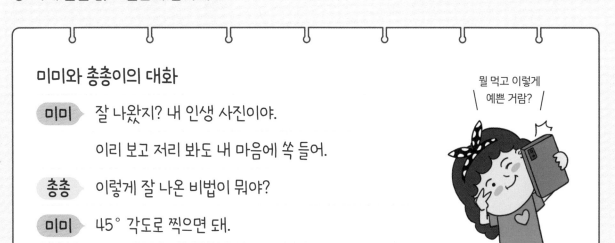

미미와 총총이의 대화

미미 잘 나왔지? 내 인생 사진이야.

이리 보고 저리 봐도 내 마음에 쏙 들어.

총총 이렇게 잘 나온 비법이 뭐야?

미미 45° 각도로 찍으면 돼.

총총 각도기로 잰 듯 정확한데!

뭘 먹고 이렇게
예쁜 거람?

16
일차

• 미미는 어떻게 하면 인생 사진을 찍을 수 있다고 말했나요?

💬 45° _____로 찍으면 된다.

• 총총이가 미미에게 감탄한 이유는 무엇인가요?

💬 _____로 잰 것처럼 45° 기울인 듯 보였기 때문이다.

각도기

角도기

뿔 **각** 법도 도 도구 기

각의 크기를 재는 도구

대각선

대角선

대할 대 뿔 **각** 줄 선

다각형에서 서로 이웃하지 않는
두 **꼭짓점**을 이은 선

2 뜻풀이를 각각 읽고 빈칸을 채워 어휘를 완성하세요.

0°보다 크고 90°보다 작은 각

예 ☐

90°보다 크고 180°보다 작은 각

둔 ☐

角

다각형의 안쪽에 있는 각

내 ☐

다각형의 한 변과
바깥으로 이어진 선이 이루는 각

외 ☐

3 '각(角)'의 뜻을 떠올리며 밑줄 친 곳에 공통으로 들어갈 글자를 쓰세요.

각도기는 _____의
크기를 재는 도구야.

내각은 다각형의 안쪽에
있는 _____을 말하지.

4 다음 중 '각(角)'이 쓰이지 않은 어휘를 찾아 ○ 하세요.

| 각도 | 예각 | 조각 | 대각선 | 내각 |

5 문장을 각각 읽고 밑줄 친 곳에 들어갈 알맞은 어휘를 찾아 연결하세요.

총총이는 미미에게 다리가 길어 보이는 _____로 사진을 찍어 달라고 했다.   •   •   예각

사각형 안에 _____ 하나를 그으면 두 개의 삼각형이 생긴다.   •   •   내각

예각 삼각형은 세 각이 모두 _____으로 이루어져 있다.   •   •   대각선

삼각형의 _____을 모두 합하면 180°가 된다.   •   •   각도

6 제시된 어휘 중 알맞은 것을 활용하여 문장을 완성하세요.

각도
VS
각도기

💬 심심이는 _____ 이용하여 책상 모서리의 각도를 재 보았다.

대각선
VS
예각

💬 메가 빵집 앞에서 _____ 방향으로 횡단보도를 건너면 문방구가 있다.

한자의 뜻과 음을 확인하고 따라 쓰세요.

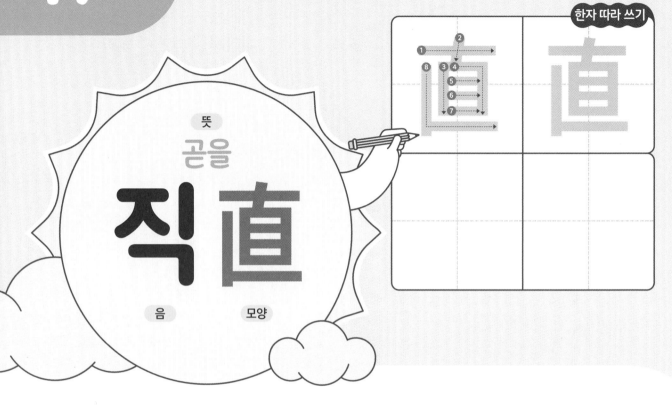

✏️ 기본 교과 어휘

1 '직(直)'이 들어간 어휘를 읽어 보고, 뜻풀이에서 한자의 뜻과 연관된 글자에 ◯ 하세요.

직선

直선
곧을 직 줄 선

양쪽으로 끝없이 늘인 선

직각

直각
곧을 직 뿔 각

두 선이 **곧게** 만나
이루는 90°의 각

💡 아래 글을 읽고 질문에 답하세요.

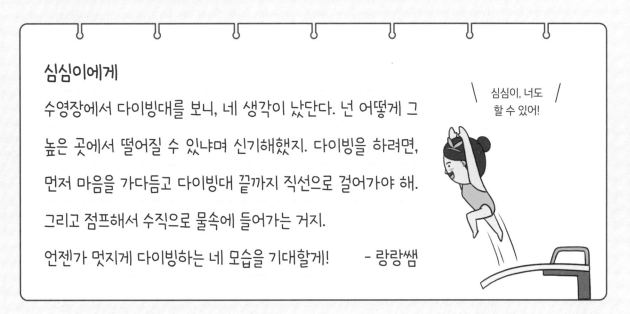

심심이에게

수영장에서 다이빙대를 보니, 네 생각이 났단다. 넌 어떻게 그 높은 곳에서 떨어질 수 있냐며 신기해했지. 다이빙을 하려면, 먼저 마음을 가다듬고 다이빙대 끝까지 직선으로 걸어가야 해. 그리고 점프해서 수직으로 물속에 들어가는 거지. 언젠가 멋지게 다이빙하는 네 모습을 기대할게!   - 랑랑쌤

심심이, 너도 할 수 있어!

• 다이빙을 하려면 무엇부터 해야 하나요?

🖋 마음을 가다듬고 다이빙대 끝까지 ＿＿＿＿＿＿＿으로 걸어간다.

• 다이빙을 완성하는 마지막 동작은 무엇인가요?

🖋 점프해서 ＿＿＿＿＿＿＿으로 물속에 들어간다.

수직

수直

드리울 **수** 곧을 **직**

직선과 직선, 직선과 면, 면과 면이
곧게 만나 90°를 이루는 상태

직사각형

直사각형

곧을 **직** 넉 **사** 뿔 **각** 모양 **형**

네 각이 **곧게** 만나
90°를 이루는 사각형

2 뜻풀이를 각각 읽고 빈칸을 채워 어휘를 완성하세요.

한 점을 기준으로 한쪽 방향으로
끝없이 늘인 곧은 선

반 ☐ 선

원의 중심을 지나는
곧게 뻗은 선

☐ 경

直

한 각이 **직각**인 삼각형

☐ 각삼각형

곧게 나아감

☐ 진

3 '직(直)'의 뜻을 떠올리며 밑줄 친 곳에 공통으로 들어갈 글자를 쓰세요.

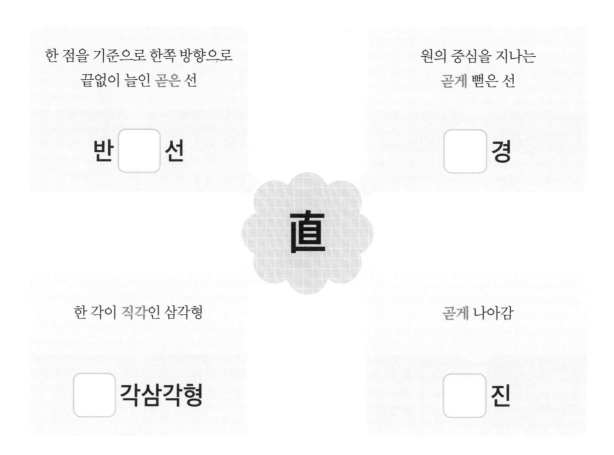

직사각형은 네 각이 _____ 만나 90°를 이루는 사각형이야.

직경은 원의 중심을 지나는 _____ 뻗은 선을 나타내지.

4 다음 중 '직(直)'이 쓰이지 않은 어휘를 찾아 ◯ 하세요.

직업　　　　직각　　　　반직선　　　　수직　　　　직경

5 문장을 각각 읽고 밑줄 친 곳에 들어갈 알맞은 어휘를 찾아 연결하세요.

직선과 달리 _____은 한쪽 방향으로만 늘어난다.　　•

•　직각

시계의 시침과 분침이 _____을 이루며 3시를 가리켰다.　　•

•　반직선

망원경은 렌즈의 _____이 클수록 더 멀리 자세하게 볼 수 있다.　　•

•　직사각형

정사각형은 네 각이 모두 직각이므로 _____이라고도 할 수 있다.　　•

•　직경

6 제시된 어휘 중 알맞은 것을 활용하여 문장을 완성하세요.

수직
vs
직경

✍ 메가 놀이공원에는 높이 올라갔다가 _____ 빠르게 떨어지는 놀이 기구가 있다.

직각
vs
직선

✍ 비행기가 _____ 쭉 뻗은 활주로를 힘차게 달리더니 하늘로 날아올랐다.

18 일차

한자의 뜻과 음을 확인하고 따라 쓰세요.

한자 따라 쓰기

뜻
맺을
약約
음   모양

✏️ **기본 교과 어휘**

1 '약(約)'이 들어간 어휘를 읽어 보고, 뜻풀이에서 한자의 뜻과 연관된 글자에 ○ 하세요.

약

約

맺을 약

주로 숫자 앞에 쓰여 그 수에
가까운 정도임을 나타내는 말

약속

約속

맺을 **약** 약속할 **속**

다른 사람과 앞으로의 일을
어떻게 할 것인지 미리 **정함**

88

💡 아래 글을 읽고 질문에 답하세요.

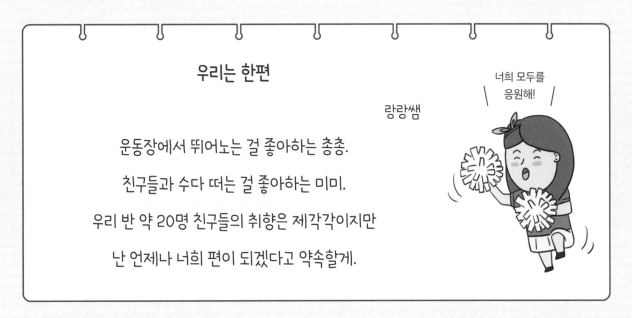

우리는 한편

랑랑쌤

너희 모두를
응원해!

운동장에서 뛰어노는 걸 좋아하는 총총.

친구들과 수다 떠는 걸 좋아하는 미미.

우리 반 약 20명 친구들의 취향은 제각각이지만

난 언제나 너희 편이 되겠다고 약속할게.

- 랑랑쌤 반 아이들은 몇 명인가요?

  ✎ _____ 20명이 있다.

- 랑랑쌤은 아이들에게 어떤 다짐을 했나요?

  ✎ 언제나 아이들 편이 되겠다고 _____ 했다.

약수

約수

맺을 **약** 셀 **수**

어떤 수를
나누어떨어지게 하는 수

공약수

공約수

공평할 **공** 맺을 **약** 셀 **수**

둘 이상의 수를 공통으로
나누어떨어지게 하는 수

2 뜻풀이를 각각 읽고 빈칸을 채워 어휘를 완성하세요.

둘 이상의 수를 공통으로
나누어떨어지게 하는 수 가운데
가장 큰 수

최대 공 ☐ 수

분수에서 분모와 분자를
공약수로 **나누어** 간단히 하는 일

☐ 분

約

분모와 분자 사이의 공약수가
1뿐이어서 더 이상 **나누어지지**
않는 분수

기 ☐ 분수

말이나 글의 요점을
잡아서 **간추림**

요 ☐

3 '약(約)'의 뜻을 떠올리며 밑줄 친 곳에 공통으로 들어갈 글자를 쓰세요.

약수는 어떤 수를 _____ 떨어지게 하는 수야.

약분은 분수에서 분모와 분자를 공약수로 _____ 간단히 하는 일을 말하지.

90

4 다음 중 '약(約)'이 쓰이지 않은 어휘를 찾아 ○ 하세요.

약속   공약수   약분   약국   약수

5 문장을 각각 읽고 밑줄 친 곳에 들어갈 알맞은 어휘를 찾아 연결하세요.

분모와 분자를 최대 공약수로 나누면
_____ 가 된다.   •   •   약분

미미는 사탕 열두 개를 _____ 인 3으로
나누어 네 봉지에 나누어 담았다.   •   •   약

명명이가 쓰던 연필의 길이를 어림잡으
면 _____ 10cm이다.   •   •   약수

$\frac{3}{9}$ 을 _____ 하면 $\frac{1}{3}$ 이다.   •   •   기약분수

6 제시된 어휘 중 알맞은 것을 활용하여 문장을 완성하세요.

약속
VS
약수

💬 더하기는 '+', 빼기는 '-'처럼 글로 설명하기에 복잡한 것을 간단히

나타내기로 _____ 것을 기호라고 한다.

기약분수
VS
최대 공약수

💬 4의 약수는 1, 2, 4이고 8의 약수는 1, 2, 4, 8이므로

4와 8의 _____ 4이다.

한자의 뜻과 음을 확인하고 따라 쓰세요.

한자 따라 쓰기

뜻

될

화 化

음   모양

✏️ 기본 교과 어휘

1 '화(化)'가 들어간 어휘를 읽어 보고, 뜻풀이에서 한자의 뜻과 연관된 글자에 ○ 하세요.

화석

化석

될 화 돌 석

옛날에 살았던 동물, 식물의 흔적이
돌이나 땅속에 **남아 있는** 것

소화

소化

사라질 소 될 화

음식물이 우리 몸에 흡수되도록
잘게 **부서지는** 과정

💡 아래 글을 읽고 질문에 답하세요.

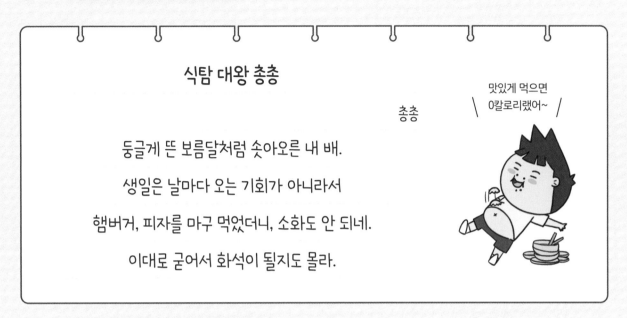

식탐 대왕 총총

둥글게 뜬 보름달처럼 솟아오른 내 배.

생일은 날마다 오는 기회가 아니라서

햄버거, 피자를 마구 먹었더니, 소화도 안 되네.

이대로 굳어서 화석이 될지도 몰라.

총총

맛있게 먹으면
0칼로리랬어~

• 생일날 총총이는 어떤 상태인가요?

✏ 마구 먹어서 _____ 가 안 된다.

• 총총이는 배가 불러 꼼짝도 할 수 없는 상태를 어떻게 표현했나요?

✏ 이대로 굳어서 _____ 이 될지도 모른다.

진화

진化

나아갈 **진** 될 **화**

생물이 살아가면서 환경에
적응하고 **변하는** 현상

부화

부化

알 깔 **부** 될 **화**

동물의 알에서 새끼가
껍질을 깨고 밖으로 **나옴**

2 뜻풀이를 각각 읽고 빈칸을 채워 어휘를 완성하세요.

고체, 액체, 기체가
서로 에너지를 주고받으며
다른 상태로 **변하는 현상**

상태 변 ☐

액체가 열을 받아 기체로
변하는 현상

기 ☐

化

기체가 식어 액체로
변하는 현상

액 ☐

돌이 오랜 시간에 걸쳐 햇빛,
공기, 물 등에 의해 **부서지는 것**

풍 ☐ 작용

3 '화(化)'의 뜻을 떠올리며 밑줄 친 곳에 공통으로 들어갈 글자를 쓰세요.

진화는 생물이 살아가면서 환경에 적응하고 _____ 현상이야.

상태 변화는 고체, 액체, 기체가 서로 에너지를 주고받으며 다른 상태로 _____ 현상을 말하지.

4 다음 중 '화(化)'가 쓰이지 않은 어휘를 찾아 ○ 하세요.

소화   진화   기화   풍화 작용   영화

5 문장을 각각 읽고 밑줄 친 곳에 들어갈 알맞은 어휘를 찾아 연결하세요.

한여름 초콜릿이 녹아 손에 묻는 것은 고체가 액체로 _____를 했기 때문이다. •

• 소화

총총이는 점심 먹은 것이 다 _____되었는지 '꺼억' 하고 트림을 했다. •

• 상태 변화

달걀이 _____하여 병아리가 태어났다. •

• 부화

주전자에 물을 넣고 끓이면 _____하여 물이 조금씩 줄어든다. •

• 기화

6 제시된 어휘 중 알맞은 것을 활용하여 문장을 완성하세요.

진화
vs
부화

🖋 꼬리가 짧고 온몸이 털로 뒤덮인 북극곰은 추운 날씨에서 살아남을 수 있도록 _____

상태 변화
vs
풍화 작용

🖋 커다란 바위도 _____ 계속 거치면 흙이나 모래가 될 수 있다.

한자의 뜻과 음을 확인하고 따라 쓰세요.

한자 따라 쓰기

뜻
바탕
질質
음   모양

🖊 기본 교과 어휘

1 '질(質)'이 들어간 어휘를 읽어 보고, 뜻풀이에서 한자의 뜻과 연관된 글자에 ○ 하세요.

물질

물質

물건 물 바탕 질

물체를 이루는 재료, 본바탕

성질

성質

성품 성 바탕 질

색깔, 냄새, 맛 등 물질마다
지니는 본래의 특징

💡 아래 글을 읽고 질문에 답하세요.

7월 13일 토요일 바람이 솔솔

오늘 밥 세 공기
뚝딱했네!

제목 : 내 사랑 두부 김치찌개

요 며칠 피곤한 느낌이 들었다. 엄마는 단백질이 부족한 것 같다며 김치찌개에 두부를 많이 넣어 끓여 주셨다. 나는 두부는 싫어하지만, 두부 김치찌개는 좋아한다. 두부와 김치는 성질이 전혀 다른 재료지만, 만나면 환상의 맛을 내기 때문이다. 왠지 힘이 불끈 나는것 같다.

20
일차

- 심심이 엄마는 왜 김치찌개에 두부를 많이 넣어 끓였나요?

  ✎ 심심이에게 ＿＿＿＿＿＿＿이 부족한 것 같기 때문이다.

- 두부를 싫어하는 심심이가 두부 김치찌개를 좋아하는 이유는 무엇인가요?

  ✎ 두부와 김치는 ＿＿＿＿＿＿＿이 전혀 다르지만, 만나면 환상의 맛을 내기 때문이다.

질량

質량

바탕 **질** 헤아릴 **량**

물체마다 가지는 **본래**의 양

단백질

단백質

새알 **단** 흰 **백** 바탕 **질**

근육, 뼈, 피부 등
우리 몸을 이루는 **물질**

2 뜻풀이를 각각 읽고 빈칸을 채워 어휘를 완성하세요.

크기, 모양, 성질 등 생물이
가지는 본래의 특징

형 ☐

용액에 녹아 있는 물질

용 ☐

質

재료가 가지는 성질

재 ☐

손이나 눈으로 느껴지는
물체 가장 바깥쪽의 성질

☐ 감

3 '질(質)'의 뜻을 떠올리며 밑줄 친 곳에 공통으로 들어갈 글자를 쓰세요.

질량은 물체마다 가지는
_____의 양이에요.

형질은 크기, 모양, 성질 등
생물이 가지는 _____의
특징을 말하지.

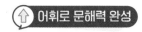

4 다음 중 '질(質)'이 쓰이지 않은 어휘를 찾아 ○ 하세요.

| 질병 | 질감 | 물질 | 단백질 | 용질 |

5 문장을 각각 읽고 밑줄 친 곳에 들어갈 알맞은 어휘를 찾아 연결하세요.

20
일차

설탕물에서 설탕은 물에 녹아 있는 _____이다.   •   •   성질

피구공은 '고무'라는 _____로 만들어졌다.   •   •   용질

기름은 물과 섞이지 않는 _____이 있다.   •   •   재질

나무의 _____이 단단해야 가구를 만들 수 있다.   •   •   물질

6 제시된 어휘 중 알맞은 것을 활용하여 문장을 완성하세요.

단백질
VS
형질

✍ _____ 탄수화물, 지방과 함께 우리 몸의

3대 영양소로 고기, 생선과 같은 육류에 많이 들어 있다.

질량
VS
재질

✍ 킬로그램(kg), 그램(g)은 _____ 나타내는

단위이다.

한자의 뜻과 음을 확인하고 따라 쓰세요.

한자 따라 쓰기

뜻
번개

전 電

음   모양

✏️ 기본 교과 어휘

1 '전(電)'이 들어간 어휘를 읽어 보고, 뜻풀이에서 한자의 뜻과 연관된 글자에 ○ 하세요.

건전지

건電지

마를 **건** 번개 **전** 못 **지**

전기 를 휴대하기 편리하도록
담아 놓은 장치

정전기

정電기

고요할 **정** 번개 **전** 기운 **기**

두 물체가 서로 닿으면서
생기는 **전기** 현상

💡 아래 글을 읽고 질문에 답하세요.

으아악, 명명이 살려!

드라이기 사용 설명서

드라이기는 젖은 머리를 말릴 때 사용하는 도구입니다. 버튼을 위로 올리면 따뜻한 바람이 나오고 아래로 내리면 찬 바람이 나옵니다. 하지만 절대 젖은 손으로 드라이기를 만지면 안 됩니다. 감전될 수도 있기 때문입니다. 우리가 생활 속에서 경험하는 정전기와는 차원이 다르기 때문에 조심해야 합니다.

• 드라이기를 사용할 때 주의할 점은 무엇인가요?

💬 젖은 손으로 드라이기를 만지면 _____ 될 수 있다.

• 우리가 생활 속에서 경험할 수 있는 전기로 무엇을 예로 들었나요?

💬 _____

감전

감電

느낄 **감** 번개 **전**

전기가 몸에 닿아서
충격을 받는 것

방전

방電

놓을 **방** 번개 **전**

전기를 띠었던 물체가
전기를 잃어버리는 것

2 뜻풀이를 각각 읽고 빈칸을 채워 어휘를 완성하세요.

전구, 전선, 스위치 등을
연결하여 전기가 흐르는 통로

[ ]기 회로

전기가 흐를 때만 자석이
되는 물체

[ ]자석

電

전기를 띤 물질이 이동하는 현상

[ ]류

전기 회로에 전류를 흐르게 하는
힘으로, V로 표시함

[ ]압

3 '전(電)'의 뜻을 떠올리며 밑줄 친 곳에 공통으로 들어갈 글자를 쓰세요.

정전기는 두 물체가 서로
닿으면서 생기는 _____
현상이야.

전류는 _____가 이동하는
현상을 말하지.

✏️ _____

4 다음 중 '전(電)'이 쓰이지 않은 어휘를 찾아 ◯ 하세요.

| 전압 | 전류 | 전자석 | 전쟁 | 건전지 |

5 문장을 각각 읽고 밑줄 친 곳에 들어갈 알맞은 어휘를 찾아 연결하세요.

| 랑랑쌤은 알람 시계가 멈추자, 새 _____ 로 갈아 끼웠다. | • | • | 방전 |

| 우리나라 전자 제품의 _____ 은 일반적으로 220V이다. | • | • | 전압 |

| _____ 가 흐르자, 전구에 불이 들어왔다. | • | • | 전류 |

| 장난감 자동차의 전원을 오랫동안 켜 두었더니 _____ 되어 꺼져 버렸다. | • | • | 건전지 |

6 제시된 어휘 중 알맞은 것을 활용하여 문장을 완성하세요.

감전
vs
방전

💬 전봇대 주변은 전압이 높아 _____ 수 있으므로 주의해야 한다.

건전지
vs
정전기

💬 옷을 갈아입던 미미는 _____ 때문에 따가움을 느꼈다.

22 일차

한자의 뜻과 음을 확인하고 따라 쓰세요.

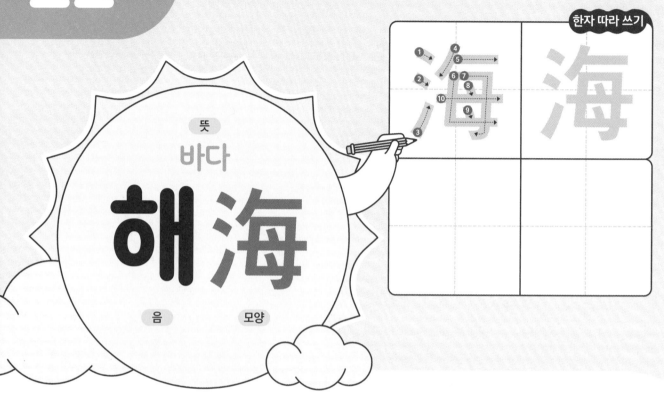

뜻
바다
해 海
음   모양

한자 따라 쓰기

🖋 기본 교과 어휘

1 '해(海)'가 들어간 어휘를 읽어 보고, 뜻풀이에서 한자의 뜻과 연관된 글자에 ◯ 하세요.

해조류	해수
海조류	海수
바다 해 마름 조 무리 류	바다 해 물 수

바다에서 나는 식물의 종류   **바다**에 고여 있는 짠물

💡 아래 글을 읽고 질문에 답하세요.

친구들에게

모두 신나는 여름 방학 보내고 있니? 선생님은 해녀가 되어 다시마, 미역 같은 해조류를 캐고 왔어. 물고기 떼가 지나가는 모습을 직접 보니 얼마나 신기했는지 몰라. 너희들도 함께 왔더라면 재밌었을 텐데…. 대신 해풍을 맞아 쫄깃쫄깃한 오징어를 선물로 사 갈게. 기대해!

– 랑랑쌤

인어가 된 이 기분!

- 랑랑쌤은 해녀가 되어 무엇을 했나요?

  💬 다시마, 미역 같은 _____를 캤다.

- 랑랑쌤은 아이들을 위한 선물로 무엇을 사려고 하나요?

  💬 _____을 맞은 오징어를 살 예정이다.

해풍

海풍

바다 **해** 바람 **풍**

바다에서 육지로 불어오는 바람

심해

심海

깊을 **심** 바다 **해**

깊은 **바다**

2 뜻풀이를 각각 읽고 빈칸을 채워 어휘를 완성하세요.

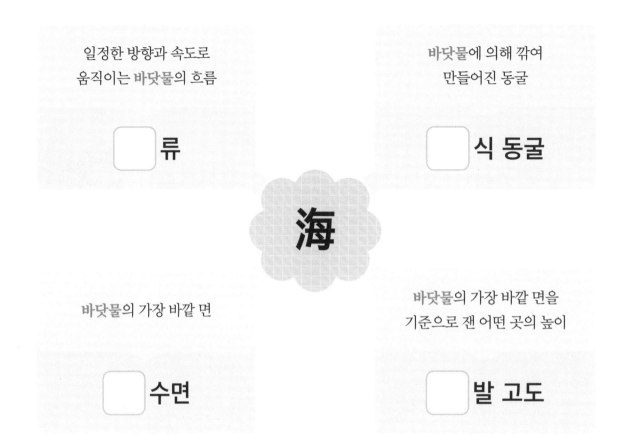

일정한 방향과 속도로
움직이는 **바닷물**의 흐름

▢ 류

바닷물에 의해 깎여
만들어진 동굴

▢ 식 동굴

海

바닷물의 가장 바깥 면

▢ 수면

바닷물의 가장 바깥 면을
기준으로 잰 어떤 곳의 높이

▢ 발 고도

3 '해(海)'의 뜻을 떠올리며 밑줄 친 곳에 공통으로 들어갈 글자를 쓰세요.

해풍은 _____에서 육지로
불어오는 바람이야.

해수는 _____에 고여
있는 짠물을 말해.

4 다음 중 '해(海)'가 쓰이지 않은 어휘를 찾아 ○ 하세요.

해류   심해   해결   해풍   해조류

5 문장을 각각 읽고 밑줄 친 곳에 들어갈 알맞은 어휘를 찾아 연결하세요.

미미는 바닷가에서 낯선 물체가 _____ 를 타고 떠밀려 온 것을 보았다.   •   •   해류

전복은 다시마, 미역 등의 _____ 를 먹이로 한다.   •   •   해수

지구 온난화로 _____이 높아지면서 북극곰이 살 곳이 사라지고 있다.   •   •   해수면

지구를 이루는 물의 97% 이상이 _____이다.   •   •   해조류

6 제시된 어휘 중 알맞은 것을 활용하여 문장을 완성하세요.

해수
vs
심해

✎ _____ 햇볕이 들지 않아 캄캄하고, 온도가 낮으며, 물의 압력 또한 매우 높다.

해식 동굴
vs
해발 고도

✎ 세계에서 가장 높은 에베레스트 산의 _____ 약 8,848m로, 가장 높은 부분은 일 년 내내 눈이 녹지 않는다.

한자의 뜻과 음을 확인하고 따라 쓰세요.

한자 따라 쓰기

뜻
힘

력 力

음   모양

✎ 기본 교과 어휘

1 '력(力)'이 들어간 어휘를 읽어 보고, 뜻풀이에서 한자의 뜻과 연관된 글자에 ○ 하세요.

중력

중 力

무거울 중 힘 력

⬇

지구가 물체를 끌어당기는

속력

속 力

빠를 속 힘 력

⬇

물체가 나아가는 빠르기를
이루는 **힘**

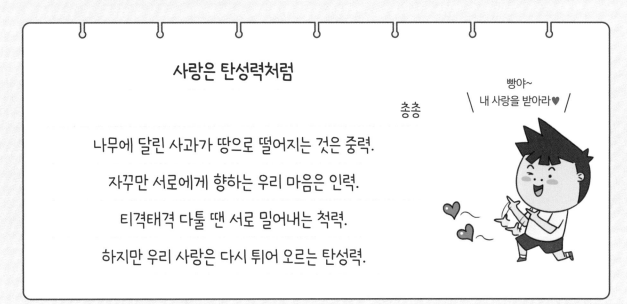

💡 아래 글을 읽고 질문에 답하세요.

사랑은 탄성력처럼

총총

빵야~
\ 내 사랑을 받아라♥

나무에 달린 사과가 땅으로 떨어지는 것은 중력.

자꾸만 서로에게 향하는 우리 마음은 인력.

티격태격 다툴 땐 서로 밀어내는 척력.

하지만 우리 사랑은 다시 튀어 오르는 탄성력.

23
일차

• 사과가 땅으로 떨어지는 현상은 무엇 때문인가요?

✍ _____

• 총총이는 사랑의 모습을 어떤 힘으로 표현했나요?

✍ _____, _____, _____에 빗댔다.

풍력

풍力

바람 **풍** 힘 **력**

바람의 **세기**

부력

부力

뜰 **부** 힘 **력**

물체가 물, 공기 중에
뜨게 하는 **힘**

2 뜻풀이를 각각 읽고 빈칸을 채워 어휘를 완성하세요.

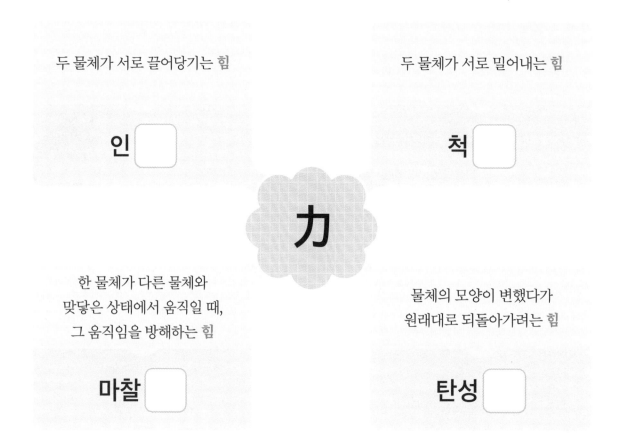

두 물체가 서로 끌어당기는 힘

인 ☐

두 물체가 서로 밀어내는 힘

척 ☐

力

한 물체가 다른 물체와
맞닿은 상태에서 움직일 때,
그 움직임을 방해하는 힘

마찰 ☐

물체의 모양이 변했다가
원래대로 되돌아가려는 힘

탄성 ☐

3 '력(力)'의 뜻을 떠올리며 밑줄 친 곳에 공통으로 들어갈 글자를 쓰세요.

부력은 물체가 물, 공기
중에 뜨게 하는 _____
이야.

척력은 두 물체가 서로
밀어내는 _____을
말하지.

4 다음 중 '력(力)'이 쓰이지 않은 어휘를 찾아 ◯ 하세요.

마찰력   탄성력   척력   달력   속력

5 문장을 각각 읽고 밑줄 친 곳에 들어갈 알맞은 어휘를 찾아 연결하세요.

고무줄은 _____으로 인해 원래의 모습으로 돌아가려는 성질이 있다.   ·   ·   부력

배가 물 위에 뜰 수 있는 것은 _____ 때문이다.   ·   ·   탄성력

바람이 많이 부는 제주도에서는 _____ 발전소를 쉽게 볼 수 있다.   ·   ·   풍력

두 개의 자석에서 N극끼리는 서로를 밀어내는 _____이 작용한다.   ·   ·   척력

6 제시된 어휘 중 알맞은 것을 활용하여 문장을 완성하세요.

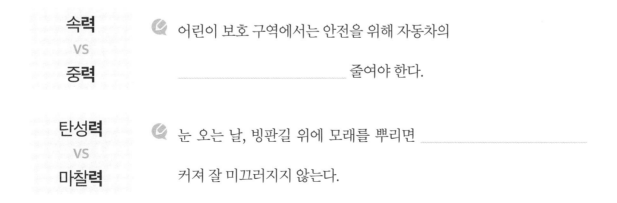

속력
vs
중력

🗨 어린이 보호 구역에서는 안전을 위해 자동차의

_____ 줄여야 한다.

탄성력
vs
마찰력

🗨 눈 오는 날, 빙판길 위에 모래를 뿌리면 _____

커져 잘 미끄러지지 않는다.

어휘랑 총정리

1 빈칸에 공통으로 들어가는 글자를 찾아 연결하세요.

심☐
─────────────
☐수면

•

• 바다 해(海)

오각☐
─────────────
도☐

•

• 모양 형(形)

방☐
─────────────
☐기 회로

•

• 번개 전(電)

2 문장을 각각 읽고 내용에 알맞은 어휘를 골라 ○ 하세요.

🔊 랑랑쌤은 우리 학교에 (**약수** / **약** / **약속** / **약분**) 3만 권의 책이 있다고 말했다.

🔊 인간은 네발로 기다가 두 발로 걷도록 (액화 / 진화 / 화석 / 기화)했다.

🔊 총총이가 작동이 멈춘 장난감의 (건전지 / 전류 / 정전기 / 전기 회로)를 갈아 끼웠다.

🔊 바람이 많이 부는 곳에서는 (마찰력 / 중력 / 속력 / 풍력)을 이용하여 전기를 만든다.

3 채팅 속 빈칸에 들어갈 글자를 쓰고, 같은 한자가 들어간 어휘를 찾아 묶으세요.

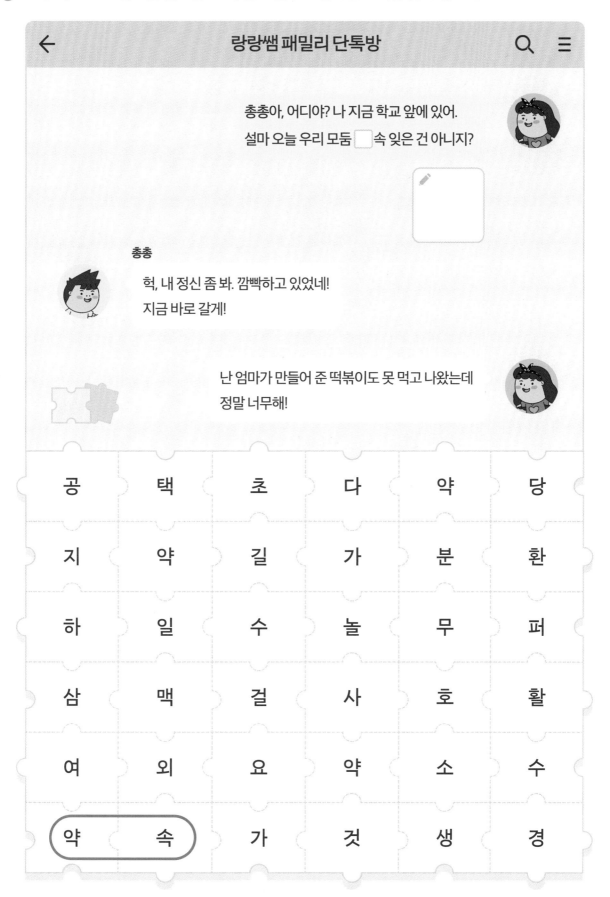

랑랑쌤 패밀리 단톡방

총총아, 어디야? 나 지금 학교 앞에 있어.
설마 오늘 우리 모둠 ☐ 속 잊은 건 아니지?

총총
헉, 내 정신 좀 봐. 깜빡하고 있었네!
지금 바로 갈게!

난 엄마가 만들어 준 떡볶이도 못 먹고 나왔는데
정말 너무해!

공	택	초	다	약	당
지	약	길	가	분	환
하	일	수	놀	무	퍼
삼	맥	걸	사	호	활
여	외	요	약	소	수
약	속	가	것	생	경

가로세로 열쇠의 뜻풀이를 읽고 퍼즐을 완성하세요.

❶	❶ 각(角)			❷❷ 직(直)	
❸	❸ 질(質)				❹
			❹		력(力)

가로 열쇠

❶ 0°보다 크고 90°보다 작은 각

❷ 원의 중심을 지나는 곧게 뻗은 선

❸ 물체를 이루는 재료, 본바탕

❹ 한 물체가 다른 물체와 맞닿은 상태에서 움직일 때, 그 움직임을 방해하는 힘

세로 열쇠

❶ 각의 크기를 재는 도구

❷ 네 각이 곧게 만나 90°를 이루는 사각형

❸ 물체마다 가지는 본래의 양

❹ 두 물체가 서로 끌어당기는 힘

5 보기 속 어휘를 활용하여 문장을 완성하세요.

> **보기**
>
> 속력   심해   소화   삼각형   재질

예시 심심이는 점 세 개를 이어서 <u>삼각형을</u> 그렸다.

📎 쇼핑을 간 총총이 엄마는 옷의 ＿＿＿＿＿＿＿＿＿＿ 어떤지 손으로 만지며 확인했다.

📎 총총이는 점심에 먹은 빵이 ＿＿＿＿＿＿＿＿＿＿ 않아 속이 더부룩했다.

📎 햇빛이 비치지 않는 ＿＿＿＿＿＿＿＿＿＿ 사는 물고기들은 스스로 빛을 내기도 한다.

📎 총총이 아빠는 약속 시간에 늦지 않도록 자동차의 ＿＿＿＿＿＿＿＿＿＿ 냈다.

6 제시된 어휘를 활용하여 문장을 만드세요.

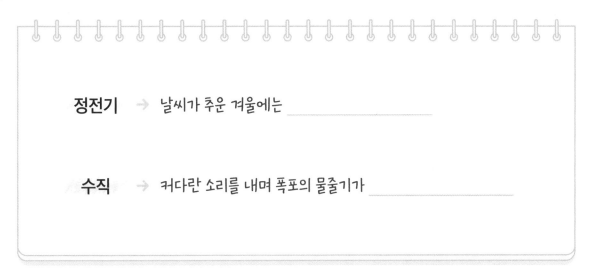

정전기 → 날씨가 추운 겨울에는 ＿＿＿＿＿＿＿＿＿

수직 → 커다란 소리를 내며 폭포의 물줄기가 ＿＿＿＿＿＿＿＿＿

IV

고사성어

매일 4쪽씩
재미있게 공부해요!

言 말씀 언
- **언**행일치 · 감**언**이설
- 중**언**부**언** · 유**언**비어

夜 밤 야
- 주경**야**독 · **야**반도주
- 불철주**야** · 주**야**장천

身 몸 신
- 입**신**양명 · 만**신**창이
- **신**토불이 · 혈혈단**신**

明 밝을 명
- 행방불**명** · 선견지**명**
- 천지신**명** · **명명**백백

天 하늘 천
- **천**하태평 · **천**방지축
- **천**생연분 · **천**고마비

心 마음 심
- 작**심**삼일 · 일편단**심**
- 이**심**전**심** · 언감생**심**

自 스스로 자
- **자**업**자**득 · **자**포**자**기
- **자**화**자**찬 · **자**수성가

공부한 날 _____ 월 _____ 일

한자의 뜻과 음을 확인하고 따라 쓰세요.

한자 따라 쓰기

뜻
말씀

언 言

음   모양

✏️ 기본 실용 어휘

1 '언(言)'이 들어간 어휘를 읽어 보고, 뜻풀이에서 한자의 뜻과 연관된 글자에 ◯ 하세요.

언행일치

言행일치

말씀 **언** 다닐 **행** 한 **일** 이룰 **치**

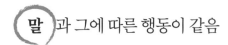 과 그에 따른 행동이 같음

감언이설

감言이설

달 **감** 말씀 **언** 이로울 **이** 말씀 **설**

달콤한 **말**과 이로운 조건을
내세워 꾀는 말

💡 아래 글을 읽고 질문에 답하세요.

총총이에게

어제 새로 나온 게임을 하자며 나를 감언이설로 꼬드긴 너. 난
네 말에 넘어가 랑랑쌤이 내준 숙제를 미루다 벌까지 서고 말
았지. 할 일을 먼저 하고 놀아야 한다는 랑랑쌤 말씀에 유구무언
일 수밖에…. 그런데 넌 혼자서 떡 하니 숙제를 해 오다니, 내가
얼마나 서운했는지 상상도 못 할 거야.   – 심심이가

앞으로 절대 갈대처럼
흔들리지 않으리!

24
일차

• 심심이는 왜 벌을 서게 되었나요?

    ✒ 총총이의 ＿＿＿＿＿＿＿＿＿＿에 넘어가 게임을 하느라 숙제를 하지 못했다.

• 심심이는 랑랑쌤의 꾸중을 듣고 어떻게 했나요?

    ✒ 할 일을 먼저 하고 놀아야 한다는 랑랑쌤 말씀에 ＿＿＿＿＿＿＿＿이라면서 후회했다.

중언부언
중ㄹ부ㄹ

무거울 **중** 말씀 **언** 다시 **부** 말씀 **언**

이미 한 **말**을 자꾸 되풀이함

유언비어
유ㄹ비어

흐를 **유** 말씀 **언** 날 **비** 말씀 **어**

아무 근거 없이 널리 퍼진 **소문**

2 뜻풀이를 각각 읽고 빈칸을 채워 어휘를 완성하세요.

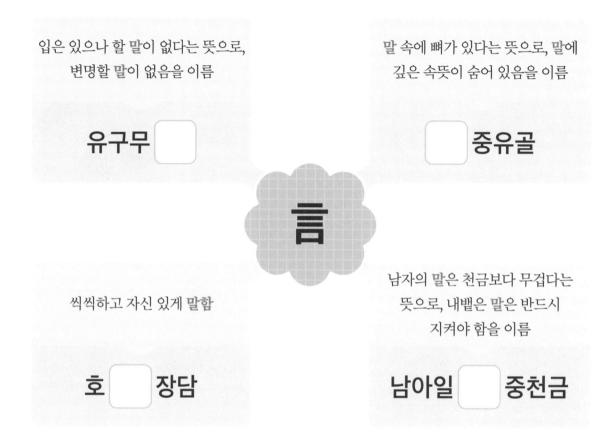

입은 있으나 할 말이 없다는 뜻으로,
변명할 말이 없음을 이름

유구무 ☐

말 속에 뼈가 있다는 뜻으로, 말에
깊은 속뜻이 숨어 있음을 이름

☐ 중유골

言

씩씩하고 자신 있게 말함

호 ☐ 장담

남자의 말은 천금보다 무겁다는
뜻으로, 내뱉은 말은 반드시
지켜야 함을 이름

남아일 ☐ 중천금

3 '언(言)'의 뜻을 떠올리며 밑줄 친 곳에 공통으로 들어갈 글자를 쓰세요.

중언부언은 이미 한
_____을 자꾸 되풀이
한다는 뜻이야.

유구무언은 입은 있으나 할 _____이
없다는 뜻으로, 변명할 _____이
없다는 뜻이지.

4 다음 중 '언(言)'이 쓰이지 않은 어휘를 찾아 ○ 하세요.

유구무언   언행일치   언감생심   유언비어   언중유골

5 문장을 각각 읽고 밑줄 친 곳에 들어갈 알맞은 어휘를 찾아 연결하세요.

랑랑쌤이 다른 학교로 간다는 소문은 _____로 밝혀졌다.   ·   ·   호언장담

심심이는 반 대항 축구 경기에서 반드시 이길 것이라고 _____ 했다.   ·   ·   유언비어

복도에서 뛰다가 넘어져 다친 총총이는 _____일 수밖에 없었다.   ·   ·   유구무언

<토끼전>은 자라의 _____에 속아 용궁으로 간 토끼의 이야기이다.   ·   ·   감언이설

6 제시된 어휘 중 알맞은 것을 활용하여 문장을 완성하세요.

중언부언
vs
유구무언

💬 국어 시간, 발표자로 나선 심심이가 너무 긴장한 나머지

_____

유언비어
vs
언행일치

💬 새해부터 달라지겠다던 명명이는 매일 책을 읽으며

_____ 모습을 보여 주었다.

공부한 날 _____ 월 _____ 일

한자의 뜻과 음을 확인하고 따라 쓰세요.

한자 따라 쓰기

뜻
밤

야 夜

음   모양

🖊️ 기본 실용 어휘

1   '야(夜)'가 들어간 어휘를 읽어 보고, 뜻풀이에서 한자의 뜻과 연관된 글자에 ◯ 하세요.

주경야독

주경夜독

낮 **주** 밭갈 **경** 밤 **야** 읽을 **독**

낮에 농사짓고 (**밤**)에 글을 읽는다는
뜻으로, 어려움 속에서도 공부함을 이름

야반도주

夜반도주

밤 **야** 반 **반** 달아날 **도** 달릴 **주**

남의 눈을 피하여
한밤중에 달아남

💡 아래 글을 읽고 질문에 답하세요.

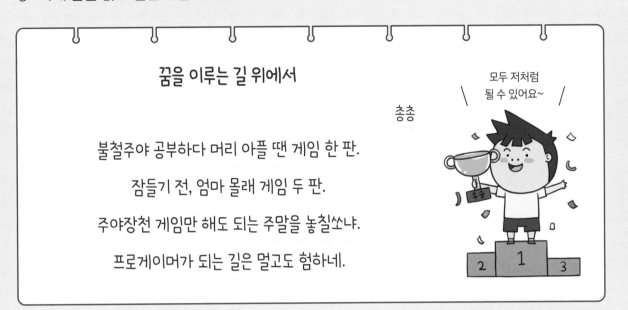

꿈을 이루는 길 위에서

불철주야 공부하다 머리 아플 땐 게임 한 판.

잠들기 전, 엄마 몰래 게임 두 판.

주야장천 게임만 해도 되는 주말을 놓칠쏘냐.

프로게이머가 되는 길은 멀고도 험하네.

총총

모두 저처럼
될 수 있어요~

25
일차

• 평소 총총이는 언제 게임을 하나요?

💬 _____ 공부하다 머리가 아플 때, 잠들기 전에 게임을 한다.

• 총총이는 프로게이머가 되기 위해 주말을 어떻게 보내나요?

💬 _____ 게임만 한다.

불철주야

불철주夜

아닐 **불** 거둘 **철** 낮 **주** 밤 **야**

어떤 일에 빠져 **밤**낮을 가리지
않고 노력하는 모습

주야장천

주夜장천

낮 **주** 밤 **야** 길 **장** 내 **천**

밤낮으로 쉬지 않고 연달아

2 뜻풀이를 각각 읽고 빈칸을 채워 어휘를 완성하세요.

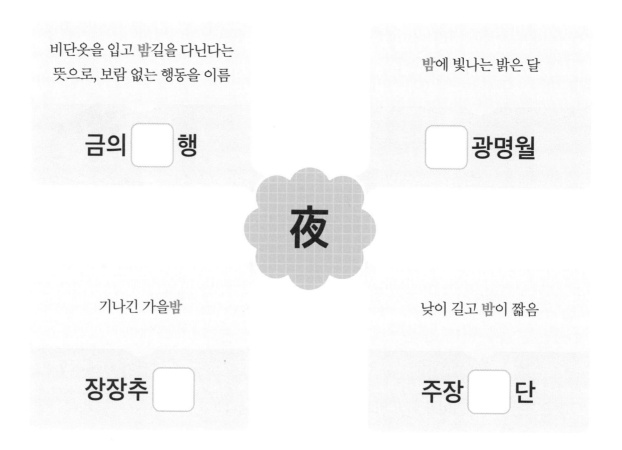

비단옷을 입고 **밤**길을 다닌다는
뜻으로, 보람 없는 행동을 이름

금의 ☐ 행

밤에 빛나는 밝은 달

☐ 광명월

夜

기나긴 가을밤

장장추 ☐

낮이 길고 밤이 짧음

주장 ☐ 단

3 '야(夜)'의 뜻을 떠올리며 밑줄 친 곳에 공통으로 들어갈 글자를 쓰세요.

불철주야는 어떤 일에 빠져
_____ 낮을 가리지 않고
노력하는 모습이야.

야광명월은 _____에
빛나는 밝은 달을 말하지.

4 다음 중 '야(夜)'가 쓰이지 않은 어휘를 찾아 ○ 하세요.

유아무야   야광명월   불철주야   금의야행   주경야독

5 문장을 각각 읽고 밑줄 친 곳에 들어갈 알맞은 어휘를 찾아 연결하세요.

랑랑쌤은 _____으로 공부한 결과, 대학원을 훌륭한 성적으로 졸업했다.   •   •   야반도주

총총이 가족은 _____을 보며 밤길을 산책했다.   •   •   야광명월

가을비가 부슬부슬 내리는 _____에 귀뚜라미가 귀뚤귀뚤 울고 있다.   •   •   장장추야

사람들을 속여 돈을 가로챈 사기꾼이 _____하다가 경찰에 붙잡혔다.   •   •   주경야독

6 제시된 어휘 중 알맞은 것을 활용하여 문장을 완성하세요.

주경야독
vs
주장야단

✍ 한여름에는 해가 일찍 뜨고 늦게 지는 _____ 특징이 나타난다.

금의야행
vs
장장추야

✍ 미미는 아이돌 콘서트 티켓을 사기 위해 열심히 용돈을 모았지만 결국 콘서트가 취소되어 _____ 상황이 되었다.

한자의 뜻과 음을 확인하고 따라 쓰세요.

한자 따라 쓰기

뜻
몸

신身

음   모양

✏️ **기본 실용 어휘**

1 '신(身)'이 들어간 어휘를 읽어 보고, 뜻풀이에서 한자의 뜻과 연관된 글자에 ○ 하세요.

입신양명
입身양명
설**입** 몸**신** 날릴**양** 이름**명**

몸을 일으켜 사회적으로 높은 지위에
올라 세상에 이름을 떨침

만신창이
만身창이
찰**만** 몸**신** 부스럼**창** 상처**이**

온**몸**이 성한 데가 없을 만큼
여러 곳을 다친 상태

126

💡 아래 글을 읽고 질문에 답하세요.

심심이와 랑랑쌤의 대화

심심 선생님, 해외여행은 잘 다녀오셨어요?

랑랑쌤 바쁜 일정으로 다녀왔더니 온몸이 만신창이야.

심심 그래도 꽤 쌩쌩해 보이시는데요?

랑랑쌤 신토불이라고 하잖니?

우리 음식을 먹어서 금방 회복된 것 같아.

역시 우리 것이 좋은 것이여~

26 일차

• 해외여행을 다녀온 랑랑쌤의 몸 상태는 어떤가요?

💬 바쁜 일정 때문에 ＿＿＿＿＿＿가 되었다.

• 쌩쌩해진 랑랑쌤은 뭐라고 말했나요?

💬 "＿＿＿＿＿＿라고 하잖니? 우리 음식을 먹어서 금방 회복된 것 같아."

신토불이

身토불이

몸 신 흙 토 아닐 불 두 이

몸과 땅은 하나이므로, 자신이 사는 땅에서 나는 것을 먹어야 잘 맞음

혈혈단신

혈혈단身

외로울 혈 외로울 혈 홀 단 몸 신

의지할 곳이 없는 외로운 홀**몸**

2 뜻풀이를 각각 읽고 빈칸을 채워 어휘를 완성하세요.

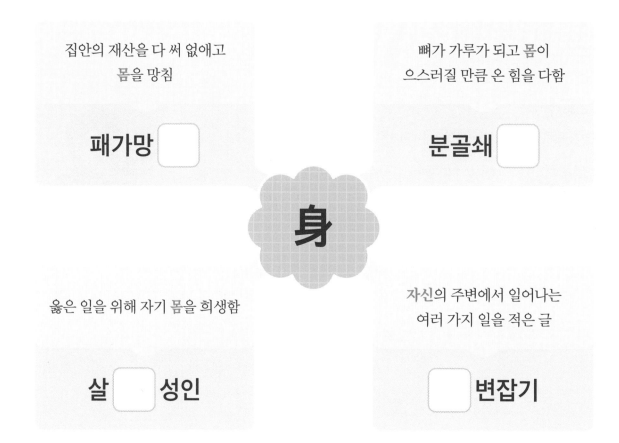

집안의 재산을 다 써 없애고
몸을 망침

패가망 ▢

뼈가 가루가 되고 몸이
으스러질 만큼 온 힘을 다함

분골쇄 ▢

身

옳은 일을 위해 자기 몸을 희생함

살 ▢ 성인

자신의 주변에서 일어나는
여러 가지 일을 적은 글

▢ 변잡기

3 '신(身)'의 뜻을 떠올리며 밑줄 친 곳에 공통으로 들어갈 글자를 쓰세요.

혈혈단신은 의지할 곳이
없는 외로운 홀_____
이라는 뜻이야.

살신성인은 옳은 일을 위해
자기 _____을 희생한다는
말이야.

4 다음 중 '신(身)'이 쓰이지 않은 어휘를 찾아 ○ 하세요.

분골쇄신　　　신출귀몰　　　신변잡기　　　입신양명　　　신토불이

5 문장을 각각 읽고 밑줄 친 곳에 들어갈 알맞은 어휘를 찾아 연결하세요.

낭비와 사치는 _____의 지름길이다. ·

· 입신양명

총총이의 꿈은 _____하여 부모님께 멋진 집을 지어 드리는 것이다. ·

· 만신창이

영화 속 주인공은 _____가 된 몸으로 전쟁에서 끝까지 싸웠다. ·

· 패가망신

_____하여 아이를 구한 소방관에게 시민들이 박수를 보냈다. ·

· 살신성인

6 제시된 어휘 중 알맞은 것을 활용하여 문장을 완성하세요.

신토불이
vs
입신양명

✎ 미미 할머니는 _____ 주장하며 우리나라에서 난 채소와 과일을 즐겨 드신다.

신변잡기
vs
혈혈단신

✎ 일기장에는 _____ 적어 놓았을 뿐이지만, 심심이에게는 소중한 보물이다.

한자의 뜻과 음을 확인하고 따라 쓰세요.

한자 따라 쓰기

뜻
밝을

명 明

음   모양

🖊️ 기본 실용 어휘

1 '명(明)'이 들어간 어휘를 읽어 보고, 뜻풀이에서 한자의 뜻과 연관된 글자에 ◯ 하세요.

행방불명

행방불明

다닐 **행** 모 **방** 아닐 **불** 밝을 **명**

간 곳이나 방향을 알지 못함

선견지명

선견지明

먼저 **선** 볼 **견** 갈 **지** 밝을 **명**

어떤 일이 일어나기 전에 미리
앞을 내다보고 **아는** 지혜

💡 아래 글을 읽고 질문에 답하세요.

8월 12일 금요일 번개 우르르 쾅쾅

흑흑~ 사랑아, 대체 어디 있는 거야?

제목 : 사랑이의 행방불명

어느새 잘 걷게 된 강아지, 사랑이를 데리고 산책을 나갔다. 공원 근처에 탕후루 가게가 새로 생겨서 구경하다가 줄을 놓쳤는데, 그사이 사랑이가 사라져 버렸다. 정신없이 찾아 헤매다 공원에서 사랑이를 발견한 순간, 천지신명께 감사드렸다.

27
일차

• 산책을 나간 미미에게 어떤 일이 생겼나요?

💬 강아지 사랑이가 _____되었다.

• 사랑이를 다시 찾은 미미는 어떤 마음이 들었나요?

💬 _____께 감사했다.

천지신명

천지신明

하늘 **천** 땅 **지** 귀신 **신** 밝을 **명**

하늘과 땅에서 세상을
비추는 온갖 신

명명백백

明明백백

밝을 **명** 밝을 **명** 흰 **백** 흰 **백**

의심할 여지없이 아주 **분명**함

2 뜻풀이를 각각 읽고 빈칸을 채워 어휘를 완성하세요.

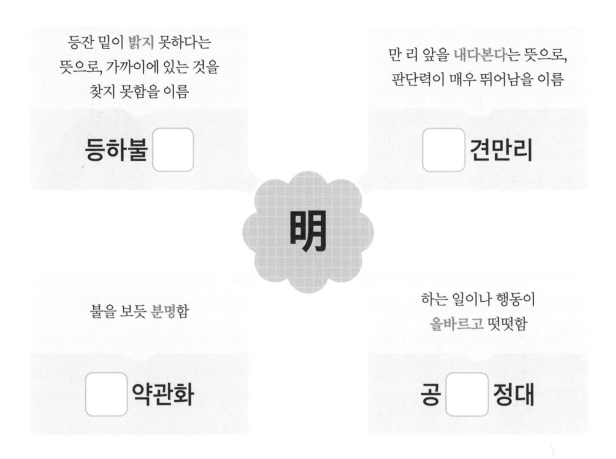

등잔 밑이 **밝지** 못하다는 뜻으로, 가까이에 있는 것을 찾지 못함을 이름

등하불 [ ]

만 리 앞을 **내다본다**는 뜻으로, 판단력이 매우 뛰어남을 이름

[ ] 견만리

明

불을 보듯 분명함

[ ] 약관화

하는 일이나 행동이 올바르고 떳떳함

공 [ ] 정대

3 '명(明)'의 뜻을 떠올리며 밑줄 친 곳에 공통으로 들어갈 글자를 쓰세요.

명명백백은 의심할 여지없이 아주 _____ 하다는 뜻이야.

명약관화는 불을 보듯 _____ 함을 나타내지.

4 다음 중 '명(明)'이 쓰이지 않은 어휘를 찾아 ○ 하세요.

| 명명백백 | 명견만리 | 등하불명 | 선견지명 | 명불허전 |

5 문장을 각각 읽고 밑줄 친 곳에 들어갈 알맞은 어휘를 찾아 연결하세요.

깊은 산속에서 _____ 된 사람을 찾기 위해 수많은 경찰관이 나섰다. •   • 천지신명

머리에 빗을 꽂고 어디 있는지 몰라 두리번대는 미미의 모습은 _____ 이 따로 없다. •   • 등하불명

운동 경기의 심판은 항상 _____ 한 태도로 판단을 내려야 한다. •   • 행방불명

간발의 차로 자동차 사고를 피한 총총이 아빠는 _____ 께 감사 인사를 했다. •   • 공명정대

6 제시된 어휘 중 알맞은 것을 활용하여 문장을 완성하세요.

선견지명
vs
등하불명

✎ _____ 가진 기업들은 시장의 흐름을 내다보고 사업을 한다.

명견만리
vs
명약관화

✎ 공부를 전혀 하지 않은 총총이가 한자 능력 시험에 떨어지는 것은

_____

뜻
하늘

천 天

음   모양

✏️ 기본 실용 어휘

1 '천(天)'이 들어간 어휘를 읽어 보고, 뜻풀이에서 한자의 뜻과 연관된 글자에 ○ 하세요.

천하태평

天하태평

하늘 **천** 아래 **하** 클 **태** 평평할 **평**

온 ⟨세상⟩이 평화로움 또는 ⟨세상⟩ 어떤
일에도 걱정이 없는 느긋한 태도

천방지축

天방지축

하늘 **천** 모 **방** 땅 **지** 굴대 **축**

너무 급해 허둥지둥
위아래로 날뜀

💡 아래 글을 읽고 질문에 답하세요.

> **미미에게**
>
> 꾸벅꾸벅 수업 시간에 조는 너의 모습도, 천방지축으로 행동하며
> 급식을 먹는 너의 모습도, 난 왜 이리 예쁠까?
> 내가 무슨 이야기를 하든 배꼽 잡고 웃어 주는 너를 보면, 우리는
> 천생연분이라고 생각해. 언젠간 너도 나와 같은 마음이었으면
> 좋겠어. 그날을 기다리며….   – 총총이가

캬~ 난 이 시대의 진정한 순정남이야.

28 일차

• 총총이는 미미의 어떤 모습까지 예쁘게 바라보나요?

　　　✎ 조는 모습도, ＿＿＿＿＿＿＿＿＿으로 행동하며 급식을 먹는 모습도 예쁘다.

• 총총이는 이야기가 잘 통하는 미미를 어떻게 생각하나요?

　　　　　　　　　✎ ＿＿＿＿＿＿＿＿＿ 이라고 생각한다.

천생연분

天생연분

하늘 **천** 날 **생** 인연 **연** 나눌 **분**

하늘이 정해 준 인연

천고마비

天고마비

하늘 **천** 높을 **고** 말 **마** 살찔 **비**

하늘은 높고 말은 살찐다는 뜻으로,
풍성한 가을을 이름

2 뜻풀이를 각각 읽고 빈칸을 채워 어휘를 완성하세요.

맑은 **하늘**에 날벼락이라는 뜻으로, 뜻밖에 일어난 큰 사건을 이름

청 ☐ 벽력

사람의 목숨은 **하늘**에 달려 있어 인간의 힘으로 어쩔 수 없음

인명재 ☐

天

생각을 쉽게 짐작할 수 없을 정도로 기발하고 **상식**을 벗어남

기상 ☐ 외

사람이 할 수 있는 일을 다 하고서 **하늘**의 뜻을 기다림

진인사대 ☐ 명

3 '천(天)'의 뜻을 떠올리며 밑줄 친 곳에 공통으로 들어갈 글자를 쓰세요.

천생연분은 _____이 정해 준 인연을 말해.

진인사대천명은 사람이 할 수 있는 일을 다 하고서 _____의 뜻을 기다린다는 뜻이야.

4 다음 중 '천(天)'이 쓰이지 않은 어휘를 찾아 ○ 하세요.

개과천선   인명재천   기상천외   천생연분   천하태평

5 문장을 각각 읽고 밑줄 친 곳에 들어갈 알맞은 어휘를 찾아 연결하세요.

미미는 _____ 같지만 친구를 먼저 생각
할 줄 아는 아이이다.   •   •   **청천벽력**

영국에는 교도소를 고쳐서 만든 _____
한 호텔이 있다.   •   •   **기상천외**

성격도 외모도 모두 닮은 총총이 엄마와
아빠는 누가 봐도 _____이다.   •   •   **천방지축**

명명이가 좋아하는 아이돌의 열애설은
_____ 과도 같은 소식이었다.   •   •   **천생연분**

6 제시된 어휘 중 알맞은 것을 활용하여 문장을 완성하세요.

천방지축
vs
천고마비

✍ _____ 계절인 가을에는 사과, 배 등 여러 가지
과일이 무르익는다.

천생연분
vs
천하태평

✍ 갑작스러운 단원 평가 소식에 모두 웅성거리는데 미미만 혼자
_____

28
일차

137

한자의 뜻과 음을 확인하고 따라 쓰세요.

뜻 마음

심心

음 모양

한자 따라 쓰기

🖊️ **기본 실용 어휘**

1 '심(心)'이 들어간 어휘를 읽어 보고, 뜻풀이에서 한자의 뜻과 연관된 글자에 ◯ 하세요.

작심삼일

작心삼일

지을 **작** 마음 **심** 석 **삼** 날 **일**

단단히 먹은 **마음**이
사흘을 가지 못할 정도로 굳지 못함

일편단심

일편단心

한 **일** 조각 **편** 붉을 **단** 마음 **심**

한 조각의 붉은 **마음**이라는 뜻으로,
변함없는 **마음**을 이름

💡 아래 글을 읽고 질문에 답하세요.

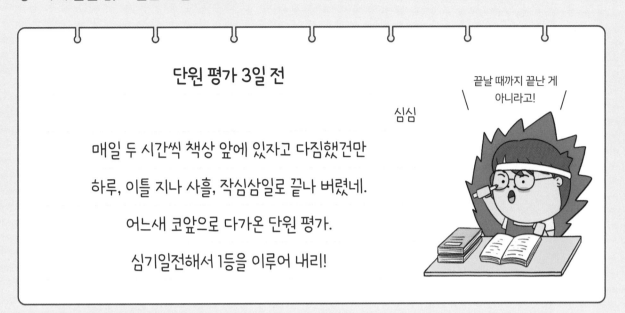

단원 평가 3일 전

심심

끝날 때까지 끝난 게
아니라고!

매일 두 시간씩 책상 앞에 있자고 다짐했건만

하루, 이틀 지나 사흘, 작심삼일로 끝나 버렸네.

어느새 코앞으로 다가온 단원 평가.

심기일전해서 1등을 이루어 내리!

• 매일 꾸준히 공부하려던 심심이의 다짐은 어떻게 되었나요?

　　　✐ _____로 끝났다.

• 결국 심심이는 어떻게 결심했나요?

　　　✐ _____해서 1등 하자!

29
일차

이심전심

이心전心

써 **이** 마음 **심** 전할 **전** 마음 **심**

서로 **마음**이 통함

언감생심

언감생心

어찌 **언** 감히 **감** 날 **생** 마음 **심**

감히 품을 수도 없는 **마음**

2 뜻풀이를 각각 읽고 빈칸을 채워 어휘를 완성하세요.

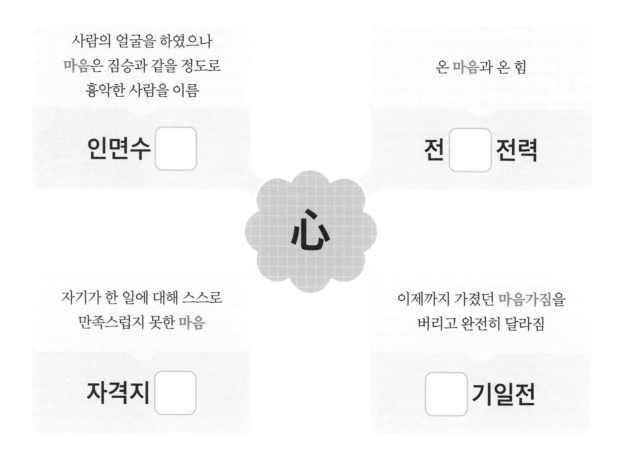

사람의 얼굴을 하였으나
마음은 짐승과 같을 정도로
흉악한 사람을 이름

인면수 ☐

온 마음과 온 힘

전 ☐ 전력

心

자기가 한 일에 대해 스스로
만족스럽지 못한 마음

자격지 ☐

이제까지 가졌던 마음가짐을
버리고 완전히 달라짐

☐ 기일전

3 '심(心)'의 뜻을 떠올리며 밑줄 친 곳에 공통으로 들어갈 글자를 쓰세요.

이심전심은 서로 _____이
통한다는 뜻이야.

자격지심은 자기가 한 일에
대해 스스로 만족스럽지
못한 _____을 가리키지.

✐ _____

4 다음 중 '심(心)'이 쓰이지 않은 어휘를 찾아 ○ 하세요.

전심전력   인면수심   일편단심   심사숙고   작심삼일

5 문장을 각각 읽고 밑줄 친 곳에 들어갈 알맞은 어휘를 찾아 연결하세요.

미미가 준 선물이 마음에 쏙 든 총총이는 역시 _____ 이라고 생각했다.   •   •   전심전력

운전 면허 시험을 포기하려던 랑랑쌤은 _____ 한 끝에 합격했다.   •   •   이심전심

공연을 보던 심심이는 _____ 을 다해 노래하는 배우의 모습에 감동했다.   •   •   심기일전

오늘부터 태권도를 배우기 시작한 명명이에게 검은 띠는 아직 _____ 이다.   •   •   언감생심

6 제시된 어휘 중 알맞은 것을 활용하여 문장을 완성하세요.

일편단**심**
vs
이**심**전**심**

✎ 고려 시대의 학자 정몽주는 〈단심가〉라는 시에서 임금을 향한

_____ 노래했다.

심기일전
vs
작**심**삼일

✎ 다이어트를 하겠다는 미미의 결심은 오늘 치킨 냄새를 맡자마자

_____ 끝났다.

한자의 뜻과 음을 확인하고 따라 쓰세요.

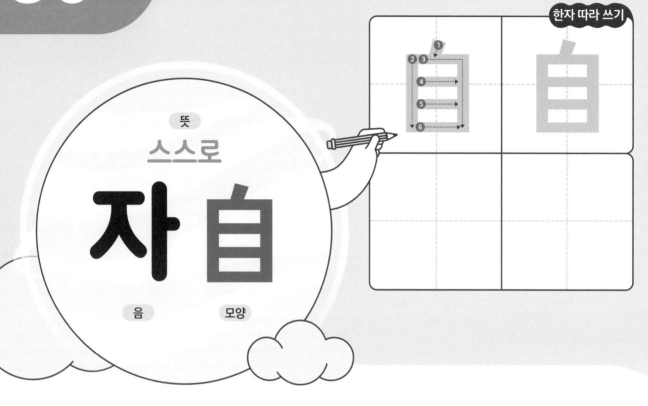

한자 따라 쓰기

뜻

스스로

자 自

음   모양

✏️ 기본 실용 어휘

1 '자(自)'가 들어간 어휘를 읽어 보고, 뜻풀이에서 한자의 뜻과 연관된 글자에 ○ 하세요.

자업자득

自업自득

스스로 **자** 일 **업** 스스로 **자** 얻을 **득**

자기가 저지른 일의 결과를
(스스로) 돌려받음

자포자기

自포自기

스스로 **자** 사나울 **포** 스스로 **자** 버릴 **기**

절망에 빠져 **스스로**를
포기하고 돌아보지 않음

💡 아래 글을 읽고 질문에 답하세요.

명명이와 총총이의 대화

명명 거울아, 세상에서 누가 제일 귀엽니?

그건 바로 명명 공주님이죠.

총총 혼자 북 치고 장구 치고 자문자답이라니….

자화자찬만은 제발 참아 줘.

명명 흥, 심심하면 발 닦고 자!

귀여워서 괜히
질투하는 거라니까~

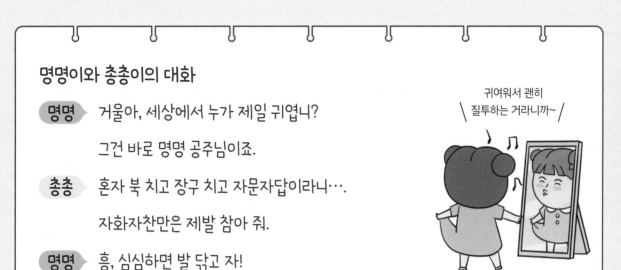

30
일차

• 총총이는 명명이가 혼잣말하는 모습을 뭐라고 표현했나요?

💬 북 치고 장구 치고 _____이라니….

• 명명이는 거울 속 자신을 보며 무엇을 했나요?

💬 자신이 제일 귀엽다며 _____했다.

자화자찬

自화自찬

스스로 **자** 그림 **화** 스스로 **자** 기릴 **찬**

자기가 한 일을 **스스로** 자랑함

자수성가

自수성가

스스로 **자** 손 **수** 이룰 **성** 집 **가**

물려받은 재산 없이 **스스로**의
힘으로 성공을 이룸

143

2 뜻풀이를 각각 읽고 빈칸을 채워 어휘를 완성하세요.

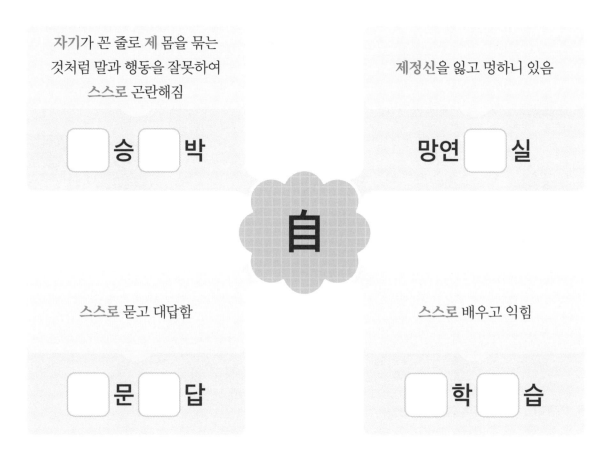

자기가 꼰 줄로 제 몸을 묶는 것처럼 말과 행동을 잘못하여 스스로 곤란해짐

☐승☐박

제정신을 잃고 멍하니 있음

망연☐실

自

스스로 묻고 대답함

☐문☐답

스스로 배우고 익힘

☐학☐습

3 '자(自)'의 뜻을 떠올리며 밑줄 친 곳에 공통으로 들어갈 글자를 쓰세요.

자업자득은 자기가 저지른 일의 결과를 _____ 돌려 받는다는 뜻이야.

자학자습은 _____ 배우고 익히는 거야.

144

4 다음 중 '자(自)'가 쓰이지 않은 어휘를 찾아 ○ 하세요.

> 자화자찬　　자수성가　　자문자답　　망연자실　　자린고비

5 문장을 각각 읽고 밑줄 친 곳에 들어갈 알맞은 어휘를 찾아 연결하세요.

심심이는 지하철에서 지갑을 잃어버리고 _____ 하여 우두커니 서 있었다.	망연자실
미미는 자기가 그린 그림을 보고 너무 아름답다며 _____ 했다.	자문자답
장영실은 노비로 태어나 조선 시대 최고의 과학자가 된 _____ 형 인물이다.	자수성가
랑랑쌤은 고민이 있을 때마다 _____ 하는 습관이 있다.	자화자찬

6 제시된 어휘 중 알맞은 것을 활용하여 문장을 완성하세요.

자화자찬
vs
자포자기

💬 소리를 듣지 못하게 된 베토벤은 _____ 않고,

노력한 끝에 수많은 명작을 남겼다.

자학자습
vs
자문자답

💬 서점에서 한자 어휘 교재를 산 명명이는 엄마에게

_____ 하겠다고 다짐했다.

어휘랑 총정리

1 빈칸에 공통으로 들어가는 글자를 찾아 연결하세요.

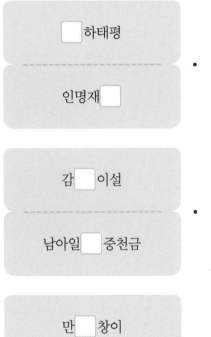

☐하태평

인명재☐

감☐이설

남아일☐중천금

만☐창이

☐변잡기

하늘 천(天)

몸 신(身)

말씀 언(言)

2 문장을 각각 읽고 내용에 알맞은 어휘를 골라 ○ 하세요.

🔊 총총이는 미미와 (**천**방지축 / **천**고마비 / **천**생연분 / **청천**벽력)이다.

🔊 시험을 앞둔 심심이는 (금의**야**행 / 주**야**장천 / **야**반도주 / **야**광명월)으로 공부했다.

🔊 선거는 (공**명**정대 / **명**견만리 / 행방불**명** / 천지신**명**)하게 치러져야 한다.

🔊 우리는 나라의 독립을 위해 (**신**토불이 / **신**변잡기 / 패가망**신** / 분골쇄**신**)한 분들을 기억해야 한다.

146

3 채팅 속 빈칸에 들어갈 글자를 쓰고, 같은 한자가 들어간 어휘를 찾아 묶으세요.

4 가로세로 열쇠의 뜻풀이를 읽고 퍼즐을 완성하세요.

①❶ 자(自)			습		
		❸	❷ 언		❸ 언(言)
기					
					유
❷ 이			심(心)		

🔑 **가로 열쇠**

❶ 스스로 배우고 익힘

❷ 서로 마음이 통함

❸ 이미 한 말을 자꾸 되풀이함

🔑 **세로 열쇠**

❶ 절망에 빠져 스스로를 포기하고 돌아보지 않음

❷ 감히 품을 수도 없는 마음

❸ 말 속에 뼈가 있다는 뜻으로, 말에 깊은 속뜻이 숨어 있음을 이름

148

5 보기 속 어휘를 활용하여 문장을 완성하세요.

> **보기**
>
> 망연자실   분골쇄신   자포자기   일편단심   청천벽력

예시 총총이가 이사를 간다면 심심이에게 _____청천벽력_____ 같은 소식일 것이다.

💬 미미를 좋아하는 총총이의 모습은 _____ 민들레와 닮았다.

💬 에디슨은 숱한 실패에도 _____ 않고 전구를 발명했다.

💬 안중근 의사는 우리나라의 독립을 위해 _____

💬 총총이는 아이돌 선발 테스트에 떨어져 _____ 미미를 위로해 주었다.

6 제시된 어휘를 활용하여 문장을 만드세요.

유언비어 → 인터넷에는 그럴듯한 _____

기상천외 → 랑랑쌤의 질문에 명명이는 _____

학습 어휘 찾아보기

이서윤쌤의
초등 한자 어휘
끝내기

이서윤쌤의
초등 한자 어휘
끝내기

습관이 실력이 되는 주요 과목 필수 어휘 학습

이서윤쌤의

초등 한자 어휘

끝내기

2단계

정답

메가스터디BOOKS

이서윤쌤의

초등 한자 어휘
끝내기

2단계

정답

1 일차

국어

공부한 날 _____ 월 _____ 일

한자의 뜻과 음을 확인하고 따라 쓰세요.

한자 따라 쓰기

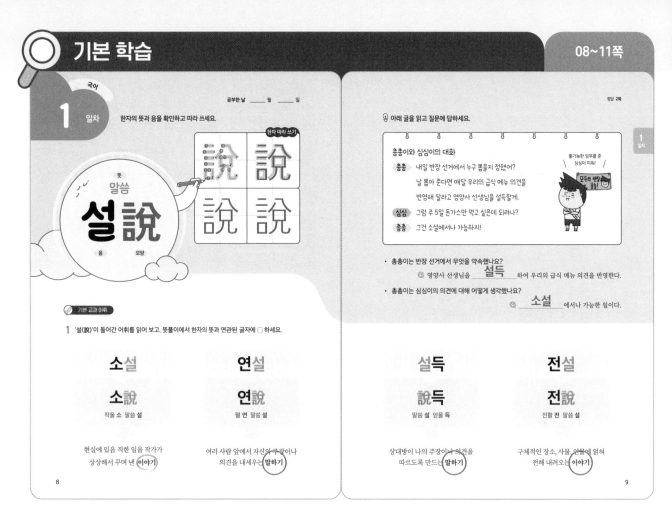

뜻 말씀
설 說
음   모양

說 說
說 說

기본 교과 어휘

1 '설(說)'이 들어간 어휘를 읽어 보고, 뜻풀이에서 한자의 뜻과 연관된 글자에 ○ 하세요.

소설
소 說
작을 소 말씀 설
현실에 있음 직한 일을 작가가
상상해서 꾸며 낸 이야기

연설
연 說
펼 연 말씀 설
여러 사람 앞에서 자신의 주장이나
의견을 내세우는 말하기

설득
說득
말씀 설 얻을 득
상대방이 나의 주장이나 의견을
따르도록 만드는 말하기

전설
전 說
전할 전 말씀 설
구체적인 장소, 사물, 인물에 얽혀
전해 내려오는 이야기

아래 글을 읽고 질문에 답하세요.

정답 2쪽

총총이와 심심이의 대화

총총 내일 반장 선거에서 누구 뽑을지 정했어?

날 뽑아 준다면 매달 우리의 급식 메뉴 의견을
반영해 달라고 영양사 선생님을 설득할게.

심심 그럼 주 5일 돈가스만 먹고 싶은데 되려나?

총총 그건 소설에서나 가능하지!

불가능한 임무를 준 심심이 이뤄!

모두의 반찬!

• 총총이는 반장 선거에서 무엇을 약속했나요?
  ✎ 영양사 선생님을 __설득__ 하여 우리의 급식 메뉴 의견을 반영한다.

• 총총이는 심심이의 의견에 대해 어떻게 생각했나요?
  ✎ __소설__ 에서나 가능한 일이다.

교과 어휘 확장

2 뜻풀이를 각각 읽고 빈칸을 채워 어휘를 완성하세요.

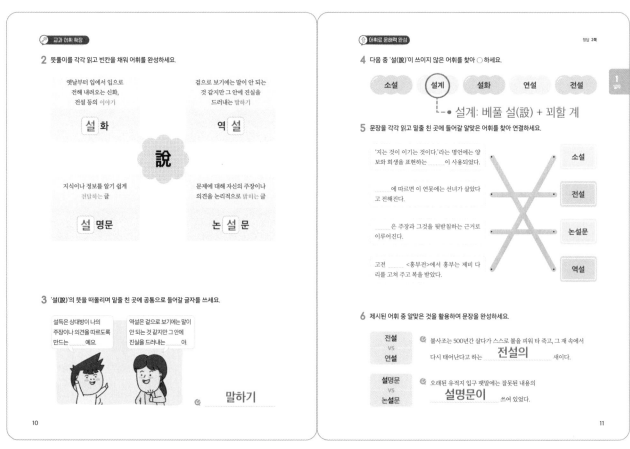

옛날부터 입에서 입으로
전해 내려오는 신화,
전설 등의 이야기
설 화

겉으로 보기에는 말이 안 되는
것 같지만 그 안에 진실을
드러내는 말하기
역 설

說

지식이나 정보를 알기 쉽게
전달하는 글
설 명문

문제에 대해 자신의 주장이나
의견을 논리적으로 밝히는 글
논 설 문

3 '설(說)'의 뜻을 떠올리며 밑줄 친 곳에 공통으로 들어갈 글자를 쓰세요.

설득은 상대방이 나의
주장이나 의견을 따르도록
만드는 ㅁㅁㅁ 예요.

역설은 겉으로 보기에는 말이
안 되는 것 같지만 그 안에
진실을 드러내는 ㅁㅁㅁ야.

✎ __말하기__

어휘로 문해력 완성

정답 2쪽

4 다음 중 '설(說)'이 쓰이지 않은 어휘를 찾아 ○ 하세요.

소설   설계   설화   연설   전설

└─▶ 설계: 베풀 설(設) + 꾀할 계

5 문장을 각각 읽고 밑줄 친 곳에 들어갈 알맞은 어휘를 찾아 연결하세요.

'지는 것이 이기는 것이다.'라는 명언에는 양
보와 희생을 표현하는 ___ 이 사용되었다.   • 소설

_____ 에 따르면 이 연못에는 선녀가 살았다
고 전해진다.   • 전설

_____ 은 주장과 그것을 뒷받침하는 근거로
이루어진다.   • 논설문

고전 _____ <흥부전>에서 흥부는 제비 다
리를 고쳐 주고 복을 받았다.   • 역설

6 제시된 어휘 중 알맞은 것을 활용하여 문장을 완성하세요.

전설
vs
연설
✎ 불사조는 500년간 살다가 스스로 불을 피워 타 죽고, 그 재 속에서
다시 태어난다고 하는 __전설의__ 새이다.

설명문
vs
논설문
✎ 오래된 유적지 입구 팻말에는 잘못된 내용의
__설명문이__ 쓰여 있다.

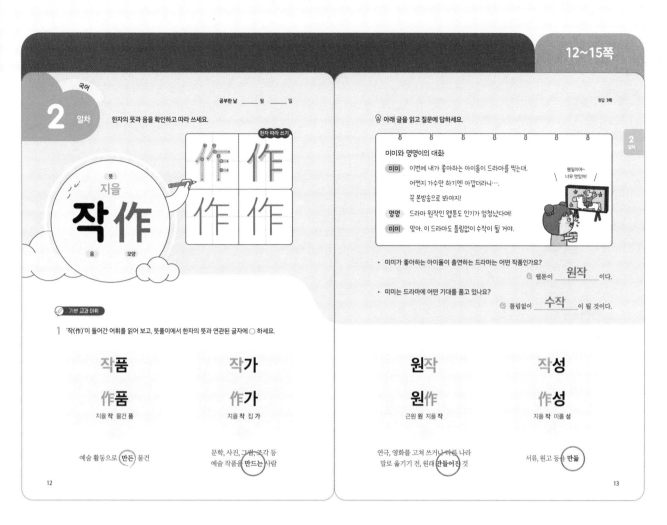

국어

2 일차

공부한 날 _____ 월 _____ 일

한자의 뜻과 음을 확인하고 따라 쓰세요.

한자 따라 쓰기

뜻 지을

작 作

음 모양

기본 교과 어휘

1 '작(作)'이 들어간 어휘를 읽어 보고, 뜻풀이에서 한자의 뜻과 연관된 글자에 ○ 하세요.

작품
作品
지을 작 물건 품
예술 활동으로 (만든) 물건

작가
作가
지을 작 집 가
문학, 사진, 그림, 조각 등
예술 작품을 (만드는) 사람

원작
원作
근원 원 지을 작
연극, 영화를 고쳐 쓰거나 다른 나라
말로 옮기기 전, 원래 (만들어진) 것

작성
作성
지을 작 이룰 성
서류, 원고 등을 (만듦)

아래 글을 읽고 질문에 답하세요.

정답 3쪽

미미와 명명이의 대화

미미 이번에 내가 좋아하는 아이돌이 드라마를 찍는대.
어쩐지 가수만 하기엔 아깝더라니….
꼭 본방송으로 봐야지!

명명 드라마 원작인 웹툰도 인기가 엄청났다며!

미미 맞아. 이 드라마도 틀림없이 수작이 될 거야.

웬일이야~
너무 멋있어!

• 미미가 좋아하는 아이돌이 출연하는 드라마는 어떤 작품인가요?

웹툰이 __원작__ 이다.

• 미미는 드라마에 어떤 기대를 품고 있나요?

틀림없이 __수작__ 이 될 것이다.

교과 어휘 확장

2 뜻풀이를 각각 읽고 빈칸을 채워 어휘를 완성하세요.

시, 소설, 그림 등의 예술 작품을
연습 삼아 만들어 봄

습 작

뛰어나게 잘 만들어진 작품

수 작

作

물건이나 예술 작품을
새롭게 만들어 냄

창 작

음악, 영화, 게임 등 작품을
만든 사람의 권리

저 작 권

3 '작(作)'의 뜻을 떠올리며 밑줄 친 곳에 공통으로 들어갈 글자를 쓰세요.

작품은 예술 활동으로
물건이야.

저작권은 음악, 영화, 게임
등 작품을 사람의
권리를 가리키지.

__만든__

어휘로 문해력 완성

정답 3쪽

4 다음 중 '작(作)'이 쓰이지 않은 어휘를 찾아 ○ 하세요.

작가   원작   (작년)   습작   저작권

└→ 작년: 어제 작(昨) + 해 년

5 문장을 각각 읽고 밑줄 친 곳에 들어갈 알맞은 어휘를 찾아 연결하세요.

사람의 생각이나 감정을 표현한 소설, 사진, 그림 등
은 _____의 보호를 받는다. → 창작

랑랑쌤은 직접 _____한 동시를 아이들 앞에서 읊어
보았다. → 작가

안데르센은 세계적으로 사랑받는 동화 <인어 공주>
의 _____이다. → 저작권

별에 관심이 많은 심심이는 우주 박물관에 다녀온
뒤, 느낀 점을 보고서로 _____했다. → 작성

6 제시된 어휘 중 알맞은 것을 활용하여 문장을 완성하세요.

수작
vs
습작
→ 레오나르도 다빈치의 <모나리자>는 신비로운 미소로 유명한
__수작이다.__

창작
vs
원작
→ 어린이 연극제에 참가한 미미는 전래 동화를
__원작으로__ 한 연극 대본을 썼다.

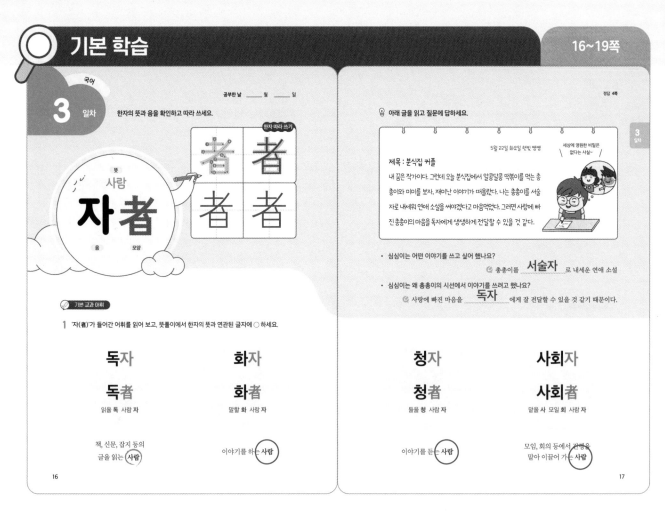

국어

3 일차

한자의 뜻과 음을 확인하고 따라 쓰세요.

공부한 날 _____ 월 _____ 일

한자 따라 쓰기

뜻
사람

자 者

음   모양

기본 교과 어휘

1 '자(者)'가 들어간 어휘를 읽어 보고, 뜻풀이에서 한자의 뜻과 연관된 글자에 ○ 하세요.

독자
독者
읽을 독 사람 자
책, 신문, 잡지 등의
글을 읽는 (사람)

화자
화者
말할 화 사람 자
이야기를 하는 (사람)

청자
청者
들을 청 사람 자
이야기를 듣는 (사람)

사회자
사회者
맡을 사 모일 회 사람 자
모임, 회의 등에서 진행을
맡아 이끌어 가는 (사람)

16

정답 4쪽

💡 아래 글을 읽고 질문에 답하세요.

제목 : 분식집 커플

5월 22일 화요일 햇빛 쨍쨍

세상에 영원한 비밀은 없다는 사실~

내 꿈은 작가이다. 그런데 오늘 분식집에서 알콩달콩 떡볶이를 먹는 총총이와 미미를 보자, 재미난 이야기가 떠올랐다. 나는 총총이를 서술자로 내세워 연애 소설을 써야겠다고 마음먹었다. 그러면 사랑에 빠진 총총이의 마음을 독자에게 생생하게 전달할 수 있을 것 같다.

• 심심이는 어떤 이야기를 쓰고 싶어 했나요?
✍ 총총이를 **서술자** 로 내세운 연애 소설

• 심심이는 왜 총총이의 시선에서 이야기를 쓰려고 했나요?
✍ 사랑에 빠진 마음을 **독자** 에게 잘 전달할 수 있을 것 같기 때문이다.

17

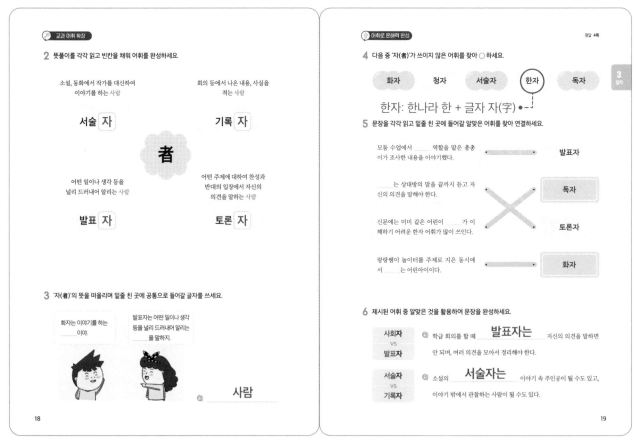

교과 어휘 확장

2 뜻풀이를 각각 읽고 빈칸을 채워 어휘를 완성하세요.

소설, 동화에서 작가를 대신하여
이야기를 하는 사람

서술 자

회의 등에서 나온 내용, 사실을
적는 사람

기록 자

者

어떤 일이나 생각 등을
널리 드러내어 알리는 사람

발표 자

어떤 주제에 대하여 찬성과
반대의 입장에서 자신의
의견을 말하는 사람

토론 자

3 '자(者)'의 뜻을 떠올리며 밑줄 친 곳에 공통으로 들어갈 글자를 쓰세요.

화자는 이야기를 하는 ___이야

발표자는 어떤 일이나 생각 등을 널리 드러내어 알리는 ___을 말하지

✍ _____ 사람

18

정답 4쪽

어휘로 문해력 완성

4 다음 중 '자(者)'가 쓰이지 않은 어휘를 찾아 ○ 하세요.

화자   청자   서술자   (한자)   독자

한자: 한나라 한 + 글자 자(字) •┈┘

5 문장을 각각 읽고 밑줄 친 곳에 들어갈 알맞은 어휘를 찾아 연결하세요.

모둠 수업에서 _____ 역할을 맡은 총총
이가 조사한 내용을 이야기했다.   •   •   발표자

_____는 상대방의 말을 끝까지 듣고 자
신의 의견을 말해야 한다.   •   •   독자

신문에는 미미 같은 어린이 _____가 이
해하기 어려운 한자 어휘가 많이 쓰인다.   •   •   토론자

랑랑샘이 놀이터를 주제로 지은 동시에
서 _____는 어린아이이다.   •   •   화자

6 제시된 어휘 중 알맞은 것을 활용하여 문장을 완성하세요.

사회자
vs
발표자

✍ 학급 회의를 할 때 **발표자는** 자신의 의견을 말하면
안 되며, 여러 의견을 모아서 정리해야 한다.

서술자
vs
기록자

✍ 소설의 **서술자는** 이야기 속 주인공이 될 수도 있고,
이야기 밖에서 관찰하는 사람이 될 수도 있다.

19

4

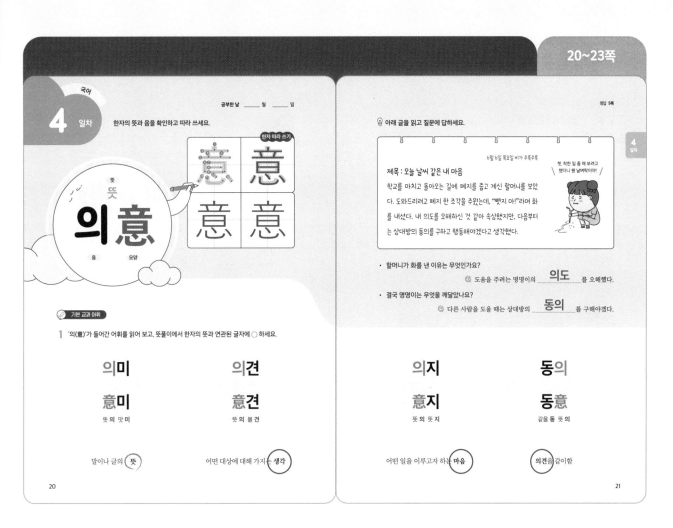

국어

4 일차

한자의 뜻과 음을 확인하고 따라 쓰세요.

뜻
의 意
음   모양

한자 따라 쓰기

意 意
意 意

기본 교과 어휘

1 '의(意)'가 들어간 어휘를 읽어 보고, 뜻풀이에서 한자의 뜻과 연관된 글자에 ○ 하세요.

의미
意미
뜻 의 맛 미
말이나 글의 (뜻)

의견
意견
뜻 의 볼 견
어떤 대상에 대해 가지는 (생각)

의지
意지
뜻 의 뜻 지
어떤 일을 이루고자 하는 (마음)

동의
동意
같을 동 뜻 의
(의견)을 같이함

아래 글을 읽고 질문에 답하세요.

6월 6일 목요일 비가 주룩주룩

제목 : 오늘 날씨 같은 내 마음
학교를 마치고 돌아오는 길에 폐지를 줍고 계신 할머니를 보았다. 도와드리려고 폐지 한 조각을 주웠는데, "뺏지 마!"라며 화를 내셨다. 내 의도를 오해하신 것 같아 속상했지만, 다음부터는 상대방의 동의를 구하고 행동해야겠다고 생각했다.

뭇 착한 일 좀 해 보려고 했더니 왠 날벼락이야!

• 할머니가 화를 낸 이유는 무엇인가요?
도움을 주려는 명명이의 **의도** 를 오해했다.

• 결국 명명이는 무엇을 깨달았나요?
다른 사람을 도울 때는 상대방의 **동의** 를 구해야겠다.

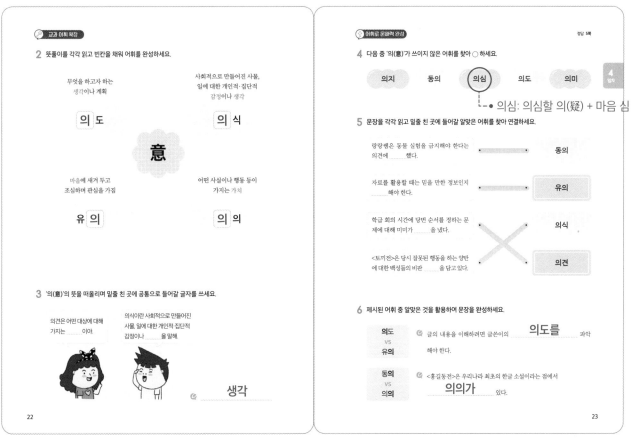

교과 어휘 확장

2 뜻풀이를 각각 읽고 빈칸을 채워 어휘를 완성하세요.

무엇을 하고자 하는 생각이나 계획
의 도

사회적으로 만들어진 사물, 일에 대한 개인적·집단적 감정이나 생각
의 식

意

마음에 새겨 두고 조심하며 관심을 가짐
유 의

어떤 사실이나 행동 등이 가지는 가치
의 의

3 '의(意)'의 뜻을 떠올리며 밑줄 친 곳에 공통으로 들어갈 글자를 쓰세요.

의견은 어떤 대상에 대해 가지는 ___이야.

의식이란 사회적으로 만들어진 사물, 일에 대한 개인적·집단적 감정이나 ___을 말해.

생각

어휘로 문해력 완성

4 다음 중 '의(意)'가 쓰이지 않은 어휘를 찾아 ○ 하세요.

의지   동의   (의심)   의도   의미

의심 : 의심할 의(疑) + 마음 심

5 문장을 각각 읽고 밑줄 친 곳에 들어갈 알맞은 어휘를 찾아 연결하세요.

랑랑쌤은 동물 실험을 금지해야 한다는 의견에 ___했다. — **동의**

자료를 활용할 때는 믿을 만한 정보인지 ___해야 한다. — **유의**

학급 회의 시간에 당번 순서를 정하는 문제에 대해 미미가 ___을 냈다. — **의식**

<토끼전>은 당시 잘못된 행동을 하는 양반에 대한 백성들의 비판 ___을 담고 있다. — **의견**

6 제시된 어휘 중 알맞은 것을 활용하여 문장을 완성하세요.

의도
vs
유의
글의 내용을 이해하려면 글쓴이의 **의도를** 파악해야 한다.

동의
vs
의의
<홍길동전>은 우리나라 최초의 한글 소설이라는 점에서 **의의가** 있다.

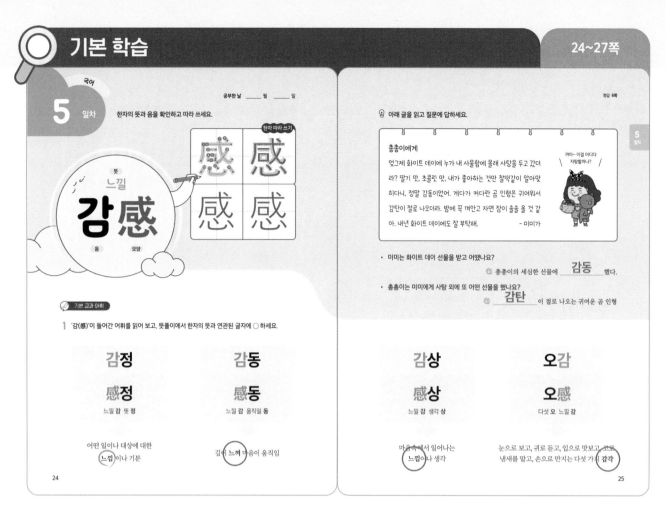

국어

5 일차

공부한 날 _____ 월 _____ 일

한자의 뜻과 음을 확인하고 따라 쓰세요.

한자 따라 쓰기

뜻
느낄
감感
음   모양

感 感
感 感

정답 6쪽

5 일차

아래 글을 읽고 질문에 답하세요.

총총이에게

엊그제 화이트 데이에 누가 내 사물함에 몰래 사탕을 두고 갔더라? 딸기 맛, 초콜릿 맛, 내가 좋아하는 것만 찰떡같이 알아맞히다니, 정말 감동이었어. 게다가 커다란 곰 인형은 귀여워서 감탄이 절로 나오더라. 밤에 꼭 껴안고 자면 잠이 솔솔 올 것 같아. 내년 화이트 데이에도 잘 부탁해.   - 미미가

까아~ 이걸 어디다 자랑할까나?

• 미미는 화이트 데이 선물을 받고 어땠나요?

총총이의 세심한 선물에 **감동** 했다.

• 총총이는 미미에게 사탕 외에 또 어떤 선물을 했나요?

감탄 이 절로 나오는 귀여운 곰 인형

기본 교과 어휘

1 '감(感)'이 들어간 어휘를 읽어 보고, 뜻풀이에서 한자의 뜻과 연관된 글자에 ○ 하세요.

감정
感정
느낄 감 뜻 정
어떤 일이나 대상에 대한
~~느낌~~이나 기분

감동
感동
느낄 감 움직일 동
깊이 **느껴** 마음이 움직임

감상
感상
느낄 감 생각 상
마음속에서 일어나는
~~느낌~~이나 생각

오감
오感
다섯 오 느낄 감
눈으로 보고, 귀로 듣고, 입으로 맛보고, 코로 냄새를 맡고, 손으로 만지는 다섯 가지 **감각**

24 / 25

교과 어휘 확장

2 뜻풀이를 각각 읽고 빈칸을 채워 어휘를 완성하세요.

어떤 대상에 대한 느낌을
생생하게 표현한 것
감 각적 표현

마음속 깊이 느껴 칭찬함
감 탄

感

어떤 대상에 자신의 감정이나
정신을 불어넣어 서로 통한다고
느끼는 것
감 정이입

다른 사람의 감정, 의견,
주장 등에 대해 자신도
그렇다고 느끼는 것
공 **감**

3 '감(感)'의 뜻을 떠올리며 밑줄 친 곳에 공통으로 들어갈 글자를 쓰세요.

감상은 마음속에서
일어나는 _____이나
생각이야.

감각적 표현은 어떤 대상에
대한 _____을 생생하게
표현한 것을 말해.

느낌

어휘로 문해력 완성

정답 6쪽

4 다음 중 '감(感)'이 쓰이지 않은 어휘를 찾아 ○ 하세요.

오감   감정이입   감동   (감독)   감상

감독: 볼 감(監) + 살필 독

5 문장을 각각 읽고 밑줄 친 곳에 들어갈 알맞은 어휘를 찾아 연결하세요.

책을 읽을 때 떠오르는 생각이나
_____을 메모해 두면 글을 쓸 때 도움이 된다.   • — 감정

총총이는 개나리를 관찰할 때, 돋보기로
보고 향기도 맡으며 _____을 이용했다.   • — 오감

랑랑쌤은 영화 속 주인공에게 _____을
하여 눈물을 쏟아 냈다.   감탄

추운 겨울, 멍멍이가 김이 모락모락 나는
달콤한 호빵 맛에 _____했다.   감정이입

6 제시된 어휘 중 알맞은 것을 활용하여 문장을 완성하세요.

감상
vs
감탄
🖉 문장에서 '느낌표(!)'는 주로 **감탄할** 때 사용한다.

오감
vs
공감
🖉 그 글은 작가의 어린 시절을 솔직하게 그려 내서 많은 독자의
공감을 얻었다.

26 / 27

어휘랑 **총정리**

앞에서 배운 내용을 떠올리며 확실하게 내 것으로 만들어요!

공부한 날 _____ 월 _____ 일

1 빈칸에 공통으로 들어가는 글자를 찾아 연결하세요.

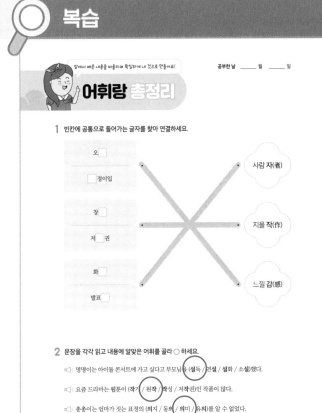

2 문장을 각각 읽고 내용에 알맞은 어휘를 골라 ○ 하세요.

📢 명명이는 아이돌 콘서트에 가고 싶다고 부모님을 (설득 / 전설 / 설화 / 소설)했다.

📢 요즘 드라마는 웹툰이 (작가 / 원작 / 작성 / 저작권)인 작품이 많다.

📢 총총이는 엄마가 짓는 표정의 (의지 / 동의 / 의미 / 유의)를 알 수 없었다.

📢 미미가 책을 읽고 난 뒤, 심심이에게 (감상 / 오감 / 공감 / 감탄)을 이야기했다.

28

3 채팅 속 빈칸에 들어갈 글자를 쓰고, 같은 한자가 들어간 어휘를 찾아 묶으세요.

정답 7쪽

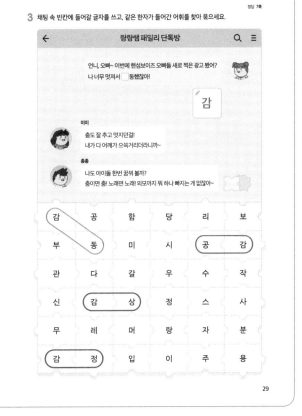

29

4 가로세로 열쇠의 뜻풀이를 읽고 퍼즐을 완성하세요.

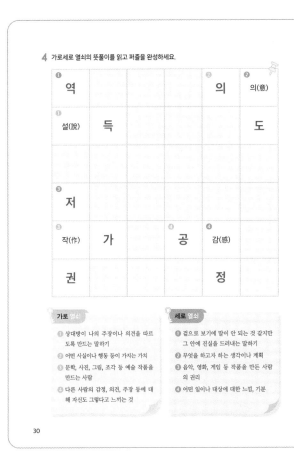

가로 열쇠
❶ 상대방이 나의 주장이나 의견을 따르
도록 만드는 말하기
❷ 어떤 사실이나 행동 등이 가지는 가치
❸ 문학, 사진, 그림, 조각 등 예술 작품을
만드는 사람
❹ 다른 사람의 감정, 의견, 주장 등에 대
해 자신도 그렇다고 느끼는 것

세로 열쇠
❶ 겉으로 보기에 말이 안 되는 것 같지만
그 안에 진실을 드러내는 말하기
❷ 무엇을 하고자 하는 생각이나 계획
❸ 음악, 영화, 게임 등 작품을 만든 사람
의 권리
❹ 어떤 일이나 대상에 대한 느낌, 기분

30

5 보기 속 어휘를 활용하여 문장을 완성하세요.

정답 7쪽

보기
습작   동의   감탄   전설   사회자

예시 심심이 할머니가 우리 동네에 내려오는 <u>전설을</u> 이야기해 주셨다.

✏️ 노래자랑을 시작한다는 **사회자의** 말에 사람들이 박수를 쳤다.

✏️ 화가 빈센트 반 고흐는 1,100여 점의 **습작을** 남겼다.

✏️ 아이들은 야외 수업을 하자는 랑랑쌤의 의견에 **동의했다.**

✏️ 우리나라에는 **감탄이** 나올 만큼 멋진 풍경을 가진 곳들이 많다.

6 제시된 어휘를 활용하여 문장을 만드세요.

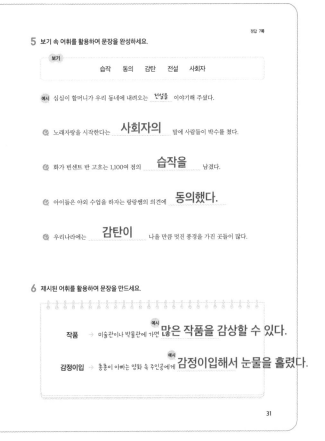

작품 → 미술관이나 박물관에 가면 예시 **많은 작품을 감상할 수 있다.**

감정이입 → 총총이 아빠는 영화 속 주인공에게 예시 **감정이입해서 눈물을 흘렸다.**

31

7

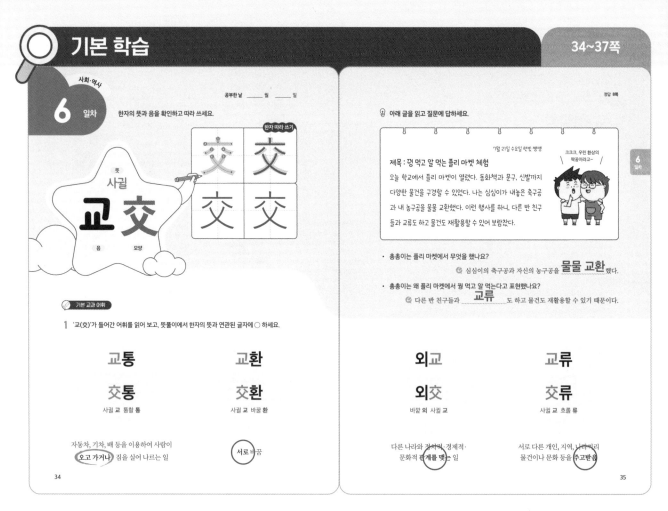

사회·역사

6 일차

공부한 날 ____ 월 ____ 일

한자의 뜻과 음을 확인하고 따라 쓰세요.

한자 따라 쓰기

뜻 사귈

교 交

음 교   모양

기본 교과 어휘

1 '교(交)'가 들어간 어휘를 읽어 보고, 뜻풀이에서 한자의 뜻과 연관된 글자에 ○ 하세요.

교통
交통
사귈 교 통할 통

자동차, 기차, 배 등을 이용하여 사람이
(오고 가거나) 짐을 실어 나르는 일

교환
交환
사귈 교 바꿀 환

(서로 바꿈)

정답 8쪽

🗣 아래 글을 읽고 질문에 답하세요.

7월 21일 수요일 햇빛 쨍쨍

제목 : 꿩 먹고 알 먹는 플리 마켓 체험
오늘 학교에서 플리 마켓이 열렸다. 동화책과 문구, 신발까지
다양한 물건을 구경할 수 있었다. 나는 심심이가 내놓은 축구공
과 내 농구공을 물물 교환했다. 이런 행사를 하니, 다른 반 친구
들과 교류도 하고 물건도 재활용할 수 있어 보람찼다.

크크크. 우린 환상의
짝꿍이라고~

• 총총이는 플리 마켓에서 무엇을 했나요?
🗣 심심이의 축구공과 자신의 농구공을 **물물 교환**했다.

• 총총이는 왜 플리 마켓에서 꿩 먹고 알 먹는다고 표현했나요?
🗣 다른 반 친구들과 **교류** 도 하고 물건도 재활용할 수 있기 때문이다.

외교
외交
바깥 외 사귈 교

다른 나라와 정치적·경제적·
문화적 관계를 맺는 일

교류
交류
사귈 교 흐름 류

서로 다른 개인, 지역, 나라끼리
물건이나 문화 등을 (주고받음)

34

35

교과 어휘 확장

2 뜻풀이를 각각 읽고 빈칸을 채워 어휘를 완성하세요.

두 나라가 관계를 맺음

어떤 일을 이루기 위해 서로
의견을 주고받으며 조절함

수 [교]

[교] 섭

交

나라끼리 물건을 사고팔며
서로 바꿈

물건과 물건을 서로 바꾸는 일

[교] 역

물물 [교] 환

3 '교(交)'의 뜻을 떠올리며 밑줄 친 곳에 공통으로 들어갈 글자를 쓰세요.

교역은 나라끼리 물건을
사고팔며 ____ 바꾸는
것을 말하지.

물물 교환은 물건과
물건을 ____ 바꾸는
일이야.

🗣 ____ 서로 ____

36

어휘로 문해력 완성

정답 8쪽

4 다음 중 '교(交)'가 쓰이지 않은 어휘를 찾아 ○ 하세요.

(교실) 수교 외교 교류 교환

╌► 교실: 가르칠 교(教) + 집 실

5 문장을 각각 읽고 밑줄 친 곳에 들어갈 알맞은 어휘를 찾아 연결하세요.

돈이 생기기 전에는 ____ 을 통해 직접
필요한 물건을 얻었다.

• 교통

심심이는 새로 산 역사책에서 찢어진 부
분을 발견하고 서점에서 ____ 했다.

• 교환

흥선 대원군은 왕권을 강하게 만들기 위
해 다른 나라와의 ____ 를 반대했다.

• 수교

____ 이 발달하면서 지역 간의 이동 시
간이 줄어들었다.

• 물물 교환

6 제시된 어휘 중 알맞은 것을 활용하여 문장을 완성하세요.

교류
VS
교역

🗣 다른 지역과 **교류하면** ____ 자기 지역에서
생산되지 않은 물건을 쉽게 구할 수 있다.

외교
VS
교환

🗣 우리나라는 옛날부터 이웃 나라인 중국, 일본과
외교 ____ 관계를 맺었다.

37

8

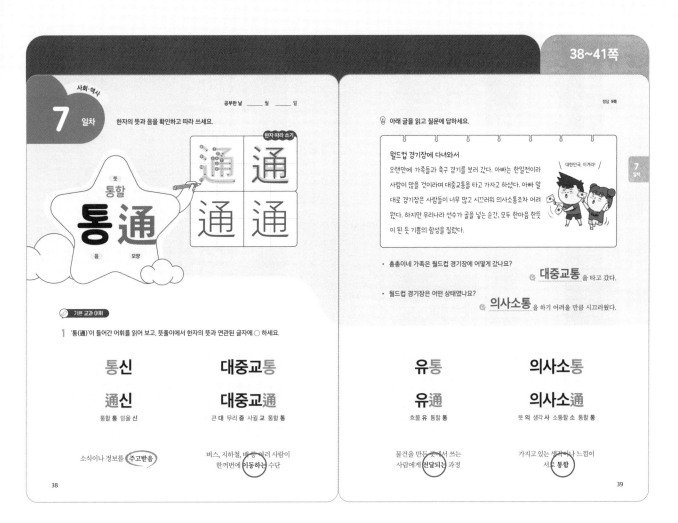

사회·역사

7 일차

한자의 뜻과 음을 확인하고 따라 쓰세요.

한자 따라 쓰기

뜻
통할
통 通
음   모양

通 通
通 通

기본 교과 어휘

1 '통(通)'이 들어간 어휘를 읽어 보고, 뜻풀이에서 한자의 뜻과 연관된 글자에 ○하세요.

통신	대중교통
通신	대중교通
통할 통 믿을 신	큰 대 무리 중 사귈 교 통할 통
소식이나 정보를 (주고받음)	버스, 지하철, 배 등 여러 사람이 한꺼번에 (이동하는) 수단

38

아래 글을 읽고 질문에 답하세요.

정답 9쪽

월드컵 경기장에 다녀와서

오랜만에 가족들과 축구 경기를 보러 갔다. 아빠는 한일전이라 사람이 많을 것이라며 대중교통을 타고 가자고 하셨다. 아빠 말대로 경기장은 사람들이 너무 많고 시끄러워 의사소통조차 어려웠다. 하지만 우리나라 선수가 골을 넣는 순간, 모두 한마음 한뜻이 된 듯 기쁨의 함성을 질렀다.

대한민국, 이겨라!

• 총총이네 가족은 월드컵 경기장에 어떻게 갔나요?
  대중교통 을 타고 갔다.

• 월드컵 경기장은 어떤 상태였나요?
  의사소통 을 하기 어려울 만큼 시끄러웠다.

유통	의사소통
유通	의사소通
흐를 유 통할 통	뜻 의 생각 사 소통할 소 통할 통
물건을 만들어 파는 곳에서 쓰는 사람에게 (전달되는) 과정	가지고 있는 생각이나 느낌이 서로 (통함)

39

7 일차

교과 어휘 확장

2 뜻풀이를 각각 읽고 빈칸을 채워 어휘를 완성하세요.

일정한 장소를 지나다님

통 행

휴대폰, 컴퓨터 등의 화면으로 상대방의 얼굴을 보면서 말을 주고받음

영상 통 화

通

음식, 약 등 물건을 언제까지 쓸 수 있는지 미리 정해 놓은 기간

유 통 기한

사람이 오고 가거나 짐을 옮기는 데 쓰는 방법, 도구

교 통 수단

3 '통(通)'의 뜻을 떠올리며 밑줄 친 곳에 공통으로 들어갈 글자를 쓰세요.

통신은 소식이나 정보를 _____ 거야.

영상 통화는 휴대폰, 컴퓨터 등의 화면으로 상대방의 얼굴을 보면서 말을 _____ 것을 말하지.

주고받는

40

어휘로 문해력 완성

정답 9쪽

4 다음 중 '통(通)'이 쓰이지 않은 어휘를 찾아 ○하세요.

유통   (휴지통)   의사소통   대중교통   통행

└─● 휴지통: 쉴 휴 + 종이 지 + 통 통(桶)

5 문장을 각각 읽고 밑줄 친 곳에 들어갈 알맞은 어휘를 찾아 연결하세요.

랑랑쌤은 미국에 사는 조카와 _____로 얼굴을 보며 안부를 물었다.   ●   ● 영상 통화

_____은 아침저녁 출퇴근하는 사람들로 붐빈다.   ●   ● 통행

공사장 앞에 사람들의 _____을 막는 표지판이 세워져 있다.   ●   ● 대중교통

'봉수'는 불이나 연기를 피워 먼 곳에 소식을 전하는 조선 시대 _____ 방법이다.   ●   ● 통신

6 제시된 어휘 중 알맞은 것을 활용하여 문장을 완성하세요.

의사소통
vs
대중교통

프랑스 여행을 간 총총이 엄마는 식당에서 말이 통하지 않자, 손짓, 발짓으로 **의사소통을** 했다.

유통 기한
vs
교통수단

명명이는 **유통 기한이** 지난 도시락을 먹고 배탈이 났다.

41

7 일차

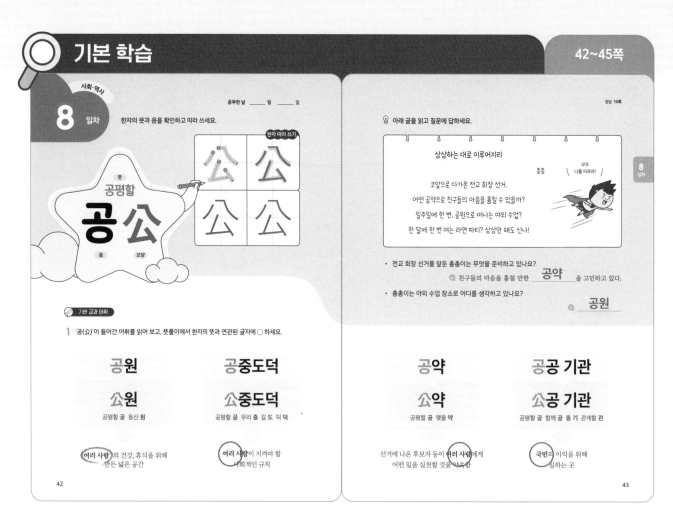

사회·역사

8 일차

공부한 날 _____ 월 _____ 일

한자의 뜻과 음을 확인하고 따라 쓰세요.

한자 따라 쓰기

뜻
공평할
공 公
음   모양

기본 교과 어휘

1 '공(公)'이 들어간 어휘를 읽어 보고, 뜻풀이에서 한자의 뜻과 연관된 글자에 ○ 하세요.

공원
公원
공평할 공 동산 원

(여러 사람)의 건강, 휴식을 위해 만든 넓은 공간

공중도덕
公중도덕
공평할 공 무리 중 길 도 덕 덕

(여러 사람)이 지켜야 할 사회적인 규칙

정답 10쪽

아래 글을 읽고 질문에 답하세요.

상상하는 대로 이루어지리

총총   모두 나를 따르라!

코앞으로 다가온 전교 회장 선거.
어떤 공약으로 친구들의 마음을 훔칠 수 있을까?
일주일에 한 번, 공원으로 떠나는 야외 수업?
한 달에 한 번 여는 라면 파티? 상상만 해도 신나!

• 전교 회장 선거를 앞둔 총총이는 무엇을 준비하고 있나요?
  친구들의 마음을 훔칠 만한 **공약** 을 고민하고 있다.

• 총총이는 야외 수업 장소로 어디를 생각하고 있나요?
  공원

공약
公약
공평할 공 맺을 약

선거에 나온 후보자 등이 (여러 사람)에게 어떤 일을 실천할 것을 약속함

공공 기관
公공 기관
공평할 공 함께 공 틀 기 관계할 관

(국민)의 이익을 위해 일하는 곳

42
43

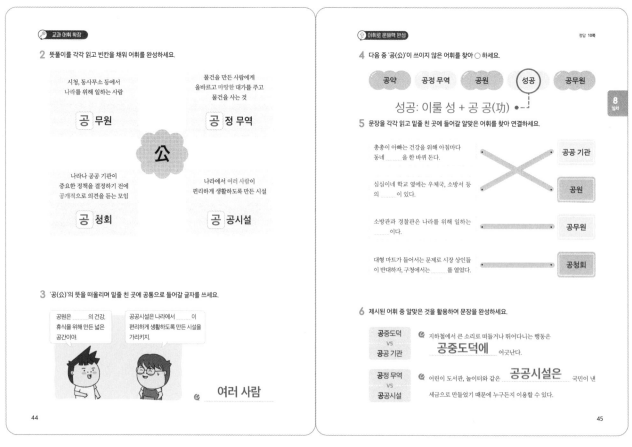

교과 어휘 확장

2 뜻풀이를 각각 읽고 빈칸을 채워 어휘를 완성하세요.

시청, 동사무소 등에서 나라를 위해 일하는 사람
공 **무원**

물건을 만든 사람에게 올바르고 마땅한 대가를 주고 물건을 사는 것
공 **정 무역**

公

나라나 공공 기관이 중요한 정책을 결정하기 전에 공개적으로 의견을 듣는 모임
공 **청회**

나라에서 여러 사람이 편리하게 생활하도록 만든 시설
공 **공시설**

3 '공(公)'의 뜻을 떠올리며 밑줄 친 곳에 공통으로 들어갈 글자를 쓰세요.

공원은 _____ 의 건강, 휴식을 위해 만든 넓은 공간이야.

공공시설은 나라에서 _____ 이 편리하게 생활하도록 만든 시설을 가리키지.

여러 사람

어휘로 문해력 완성

정답 10쪽

4 다음 중 '공(公)'이 쓰이지 않은 어휘를 찾아 ○ 하세요.

공약   공정 무역   공원   (성공)   공무원

성공: 이룰 성 + 공 공(功)

5 문장을 각각 읽고 밑줄 친 곳에 들어갈 알맞은 어휘를 찾아 연결하세요.

총총이 아빠는 건강을 위해 아침마다 동네 _____ 을 한 바퀴 돈다.   →   공공 기관

심심이네 학교 옆에는 우체국, 소방서 등의 _____ 이 있다.   →   공원

소방관과 경찰관은 나라를 위해 일하는 _____ 이다.   →   공무원

대형 마트가 들어서는 문제로 시장 상인들이 반대하자, 구청에서는 _____ 를 열었다.   →   공청회

6 제시된 어휘 중 알맞은 것을 활용하여 문장을 완성하세요.

공중도덕
vs
공공 기관
지하철에서 큰 소리로 떠들거나 뛰어다니는 행동은 **공중도덕에** 어긋난다.

공정 무역
vs
공공시설
어린이 도서관, 놀이터와 같은 **공공시설은** 국민이 낸 세금으로 만들었기 때문에 누구든지 이용할 수 있다.

44
45

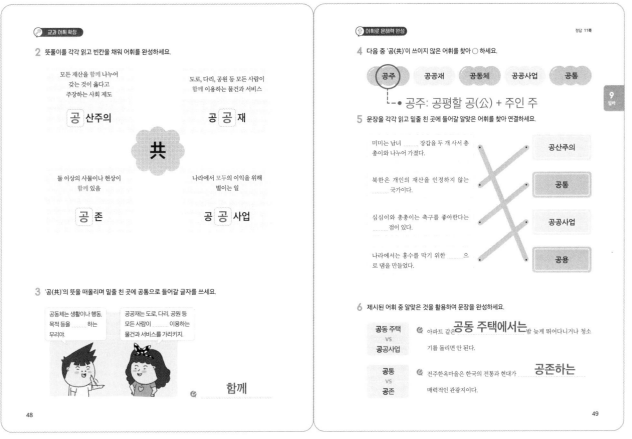

사회·역사

10 일차

공부한 날 ____ 월 ____ 일

한자의 뜻과 음을 확인하고 따라 쓰세요.

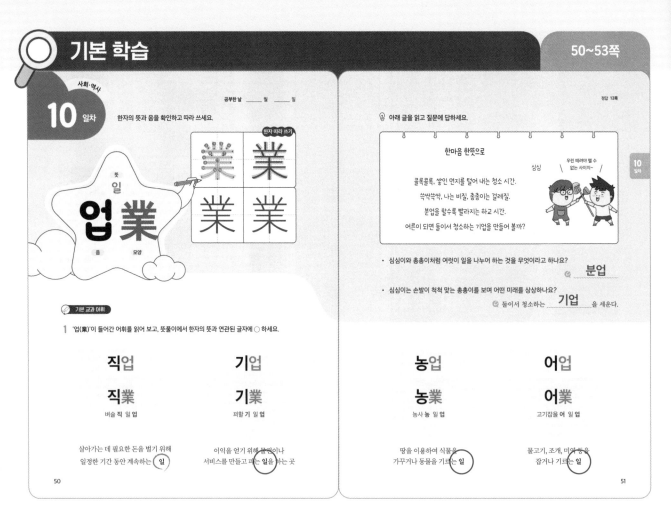

한자 따라 쓰기

業 業
業 業

뜻 일
음 업
모양 業

기본 교과 어휘

1 '업(業)'이 들어간 어휘를 읽어 보고, 뜻풀이에서 한자의 뜻과 연관된 글자에 ○ 하세요.

직업
직業
벼슬 직 일 업
살아가는 데 필요한 돈을 벌기 위해 일정한 기간 동안 계속하는 (일)

기업
기業
꾀할 기 일 업
이익을 얻기 위해 물건이나 서비스를 만들고 파는 (일)을 하는 곳

50

정답 12쪽

아래 글을 읽고 질문에 답하세요.

한마음 한뜻으로

콜록콜록, 쌓인 먼지를 털어 내는 청소 시간.
쓱싹쓱싹, 나는 비질. 총총이는 걸레질.
분업을 할수록 빨라지는 하교 시간.
어른이 되면 둘이서 청소하는 기업을 만들어 볼까?

심심 우린 떼려야 뗄 수 없는 사이지~

• 심심이와 총총이처럼 여럿이 일을 나누어 하는 것을 무엇이라고 하나요?
   분업

• 심심이는 손발이 척척 맞는 총총이를 보며 어떤 미래를 상상하나요?
   둘이서 청소하는 ____ 기업 을 세운다.

농업
농業
농사 농 일 업
땅을 이용하여 식물을 가꾸거나 동물을 기르는 (일)

어업
어業
고기잡을 어 일 업
물고기, 조개, 미역 등을 잡거나 기르는 (일)

51

교과 어휘 확장

2 뜻풀이를 각각 읽고 빈칸을 채워 어휘를 완성하세요.

자연에서 얻은 것을 기계 등을 이용하여 새로운 물건으로 만드는 일
공 업

나무를 기르고 산을 지키는 등 숲을 이용하여 이익을 얻는 일
임 업

業

일자리를 잃음
실 업

여러 사람이 일을 나누어서 함
분 업

3 '업(業)'의 뜻을 떠올리며 밑줄 친 곳에 공통으로 들어갈 글자를 쓰세요.

직업은 살아가는 데 필요한 돈을 벌기 위해 일정한 기간 동안 계속하는 ____이야.

분업은 여러 사람이 ____을 나누어서 하는 것을 말하지.

   일

52

정답 12쪽

어휘로 문해력 완성

4 다음 중 '업(業)'이 쓰이지 않은 어휘를 찾아 ○ 하세요.

분업   업신여김   직업   농업   실업

└┈▶ 업신여김: 고유어

5 문장을 각각 읽고 밑줄 친 곳에 들어갈 알맞은 어휘를 찾아 연결하세요.

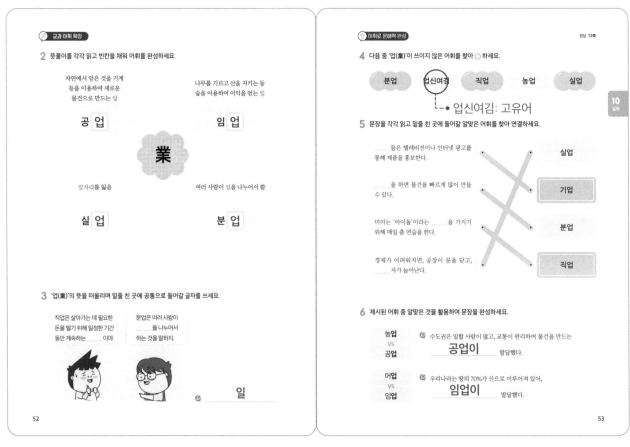

____들은 텔레비전이나 인터넷 광고를 통해 제품을 홍보한다.

____을 하면 물건을 빠르게 많이 만들 수 있다.

미미는 '아이돌'이라는 ____을 가지기 위해 매일 춤 연습을 한다.

경제가 어려워지면, 공장이 문을 닫고, ____자가 늘어난다.

실업
기업
분업
직업

6 제시된 어휘 중 알맞은 것을 활용하여 문장을 완성하세요.

농업 vs 공업
수도권은 일할 사람이 많고, 교통이 편리하여 물건을 만드는 공업이 발달했다.

어업 vs 임업
우리나라는 땅의 70%가 산으로 이루어져 있어, 임업이 발달했다.

53

사회·역사

11 일차

공부한날 ____월 ____일

한자의 뜻과 음을 확인하고 따라 쓰세요.

뜻
이로울
리 利
음   모양

한자 따라 쓰기

利 利
利 利

기본 교과 어휘

1 '리(利)'가 들어간 어휘를 읽어 보고, 뜻풀이에서 한자의 뜻과 연관된 글자에 ○ 하세요.

이익
利익
이로울 리 더할 익
물질적으로나 정신적으로
(보탬)이 되는 것

이득
利득
이로울 리 얻을 득
(이익)을 얻음

아래 글을 읽고 질문에 답하세요.

정답 13쪽

6월 28일 일요일 태양이 이글이글

제목 : 피도 눈물도 없는 남매 사이

아이돌 포토 카드가 나올 때마다 야금야금 사다 보니 용돈을 다 써 버렸다. 그래서 총총이 오빠한테 용돈을 빌려 달라고 했다. 총총이 오빠는 이자를 주면 고민해 보겠다고 했다. 남매 사이에 이익을 챙기려고 하다니, 정말 실망이다!

뽄뽄하기가
세계 최고야!

• 총총이는 용돈을 빌려 달라는 명명이에게 뭐라고 대꾸했나요?
  ✍ ____이자____를 주면 고민해 보겠다.

• 명명이가 총총이에게 실망한 이유는 무엇인가요?
  ✍ 남매 사이에 ____이익____을 챙기려고 하기 때문이다.

이자
利자
이로울 리 아들 자
남에게 돈을 빌려 쓴 대가로
(치르는) 돈

이윤
利윤
이로울 리 붙을 윤
물건을 팔아서 번 돈에서 물건을
만들 때 쓴 돈을 빼고 남은 (이익)

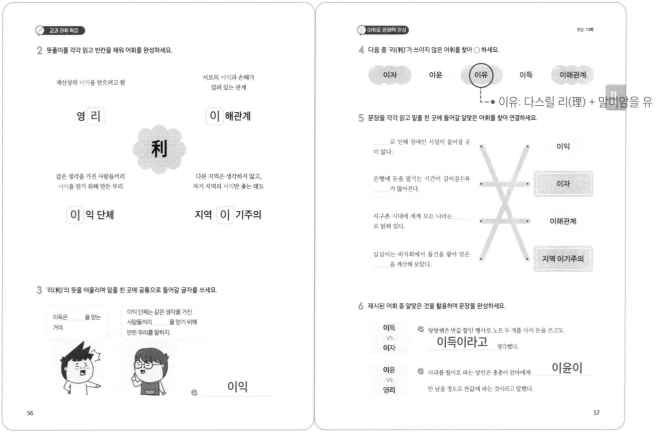

교과 어휘 확장

2 뜻풀이를 각각 읽고 빈칸을 채워 어휘를 완성하세요.

재산상의 이익을 얻으려고 함
영 **리**

서로의 이익과 손해가
걸려 있는 관계
이 해관계

利

같은 생각을 가진 사람들끼리
이익을 얻기 위해 만든 무리
이 익 단체

다른 지역은 생각하지 않고,
자기 지역의 이익만 좇는 태도
지역 **이** 기주의

3 '리(利)'의 뜻을 떠올리며 밑줄 친 곳에 공통으로 들어갈 글자를 쓰세요.

이득은 ____을 얻는 거야.

이익 단체는 같은 생각을 가진 사람들끼리 ____을 얻기 위해 만든 무리를 말하지.

✍ ____이익____

어휘로 문해력 완성

정답 13쪽

4 다음 중 '리(利)'가 쓰이지 않은 어휘를 찾아 ○ 하세요.

이자   이윤   (이유)   이득   이해관계

┗• 이유: 다스릴 리(理) + 말미암을 유

5 문장을 각각 읽고 밑줄 친 곳에 들어갈 알맞은 어휘를 찾아 연결하세요.

____로 인해 장애인 시설이 들어설 곳이 없다.

은행에 돈을 맡기는 기간이 길어질수록 ____가 많아진다.

지구촌 시대에 세계 모든 나라는 ____로 얽혀 있다.

심심이는 바자회에서 물건을 팔아 얻은 ____을 계산해 보았다.

이익
이자
이해관계
지역 이기주의

6 제시된 어휘 중 알맞은 것을 활용하여 문장을 완성하세요.

이득
vs
이자
✍ 랑랑쌤은 반값 할인 행사로 노트 두 개를 사서 돈을 쓰고도 ____이득이라고____ 생각했다.

이윤
vs
영리
✍ 사과를 떨이로 파는 상인은 총총이 엄마에게 ____이윤이____ 안 남을 정도로 싼값에 파는 것이라고 말했다.

54
55
56
57

13

사회·역사

12 일차

공부한 날 _____ 월 _____ 일

한자의 뜻과 음을 확인하고 따라 쓰세요.

한자 따라 쓰기

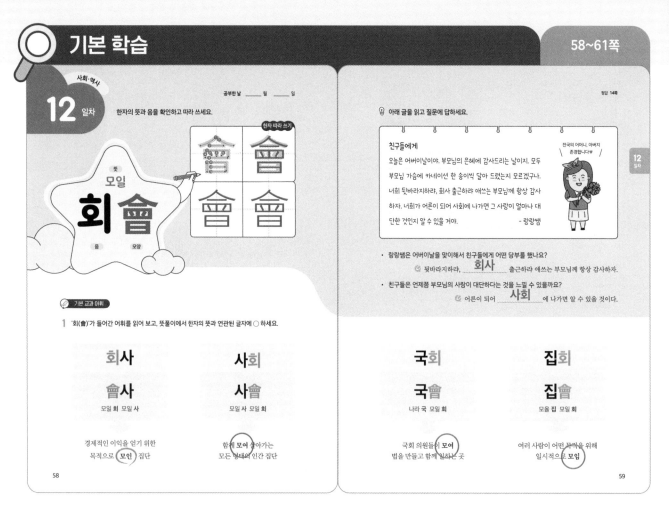

뜻
모일

회 會

음   모양

기본 교과 어휘

1 '회(會)'가 들어간 어휘를 읽어 보고, 뜻풀이에서 한자의 뜻과 연관된 글자에 ○ 하세요.

회사
會사
모일 회 모일 사
경제적인 이익을 얻기 위한
목적으로 (모인) 집단

사회
사會
모일 사 모일 회
함께 (모여) 살아가는
모든 형태의 인간 집단

58

아래 글을 읽고 질문에 답하세요.

정답 14쪽

친구들에게

오늘은 어버이날이야. 부모님의 은혜에 감사드리는 날이지. 모두 부모님 가슴에 카네이션 한 송이씩 달아 드렸는지 모르겠구나. 너희 뒷바라지하랴, 회사 출근하랴 애쓰는 부모님께 항상 감사하자. 너희가 어른이 되어 사회에 나가면 그 사랑이 얼마나 대단한 것인지 알 수 있을 거야.

- 랑랑쌤

전국의 어머니 아버지 존경합니다♥

• 랑랑쌤은 어버이날을 맞이해서 친구들에게 어떤 당부를 했나요?
  뒷바라지하랴, __회사__ 출근하랴 애쓰는 부모께 항상 감사하자.

• 친구들은 언제쯤 부모님의 사랑이 대단하다는 것을 느낄 수 있을까요?
  어른이 되어 __사회__ 에 나가면 알 수 있을 것이다.

국회
국會
나라 국 모일 회
국회 의원들이 (모여)
법을 만들고 함께 일하는 곳

집회
집會
모을 집 모일 회
여러 사람이 어떤 목적을 위해
일시적으로 (모임)

59

교과 어휘 확장

2 뜻풀이를 각각 읽고 빈칸을 채워 어휘를 완성하세요.

집회, 회의 등 모임을 마침
폐 회

사회를 살아가는 데 필요한
규칙, 가치 등을 배워 가는 과정
사 회 화

會

국민의 대표로서 국회에 모여
나랏일을 하는 사람들
국 회 의원

인간의 모든 행동에 정보가
중요한 역할을 하는 사회
정보 사 회

3 '회(會)'의 뜻을 떠올리며 밑줄 친 곳에 공통으로 들어갈 글자를 쓰세요.

사회는 함께 _____
살아가는 모든 형태의
인간 집단이에요.

국회 의원은 국민의 대표로서
국회에 _____ 나랏일을 하는
사람을 말하지.

모여

60

어휘로 문해력 완성

정답 14쪽

4 다음 중 '회(會)'가 쓰이지 않은 어휘를 찾아 ○ 하세요.

사회   국회   (회복)   정보 사회   사회화

└┈▶ 회복: 돌아올 회(回) + 돌아올 복

5 문장을 각각 읽고 밑줄 친 곳에 들어갈 알맞은 어휘를 찾아 연결하세요.

심심이는 지난 주말, 엄마와 함께 환경 보
호를 외치는 _____ 에 참여했다. ●   ● **폐회**

전 세계 사람들이 지켜보는 가운데 올림
픽이 마침내 _____ 했다. ●   ● **국회 의원**

총총이 아빠가 다니는 의류 _____ 에서
는 어린이가 입는 옷을 만든다. ●   ● **회사**

_____ 은 한번 뽑히면 4년 동안 국회에서
일한다. ●   ● **집회**

6 제시된 어휘 중 알맞은 것을 활용하여 문장을 완성하세요.

사회화
vs
정보 사회

인터넷 범죄, 스마트폰 중독과 같은 문제는
정보 사회가 지닌 어두운 면이다.

회사
vs
사회

고조선 **사회는** 남의 것을 도둑질한 사람을
엄하게 다스렸다.

61

14

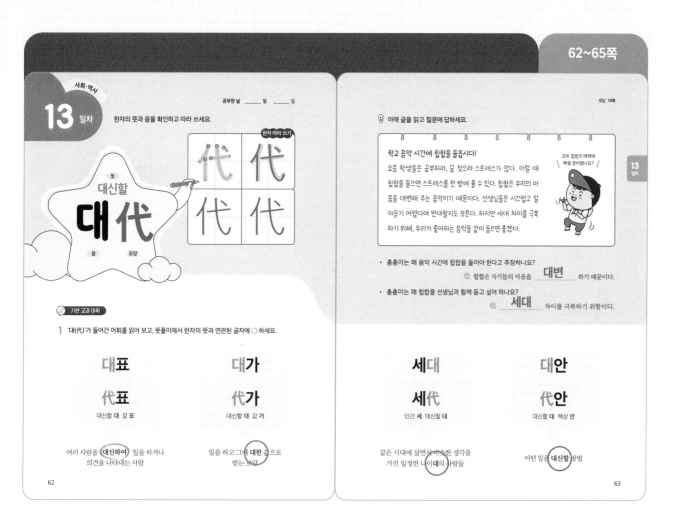

13 일차

한자의 뜻과 음을 확인하고 따라 쓰세요.

공부한 날 _____ 월 _____ 일

뜻 대신할
대 代
음 / 모양

한자 따라 쓰기

代 代
代 代

🏷 기본 교과 어휘

1 '대(代)'가 들어간 어휘를 읽어 보고, 뜻풀이에서 한자의 뜻과 연관된 글자에 ○ 하세요.

대표
代표
대신할 대 겉 표
여러 사람을 **대신하여** 일을 하거나 의견을 나타내는 사람

대가
代가
대신할 대 값 가
일을 하고 그에 대한 값으로 받는 보답

세대
세代
인간 세 대신할 대
같은 시대에 살면서 비슷한 생각을 가진 일정한 나이대의 사람들

대안
代안
대신할 대 책상 안
어떤 일을 **대신할** 방법

62

🗨 아래 글을 읽고 질문에 답하세요.

학교 음악 시간에 힙합을 들읍시다!
요즘 학생들은 공부하랴, 꿈 찾으랴 스트레스가 많다. 이럴 때 힙합을 들으면 스트레스를 한 방에 풀 수 있다. 힙합은 우리의 마음을 대변해 주는 음악이기 때문이다. 선생님들은 시끄럽고 알아듣기 어렵다며 반대할지도 모른다. 하지만 세대 차이를 극복하기 위해, 우리가 좋아하는 음악을 같이 들으면 좋겠다.

모두 힙합의 매력에 빠질 준비됐나요?

13 일차

• 총총이는 왜 음악 시간에 힙합을 들어야 한다고 주장하나요?
  🖊 힙합은 자기들의 마음을 **대변** 하기 때문이다.

• 총총이는 왜 힙합을 선생님과 함께 듣고 싶어 하나요?
  🖊 _____ **세대** 차이를 극복하기 위함이다.

63

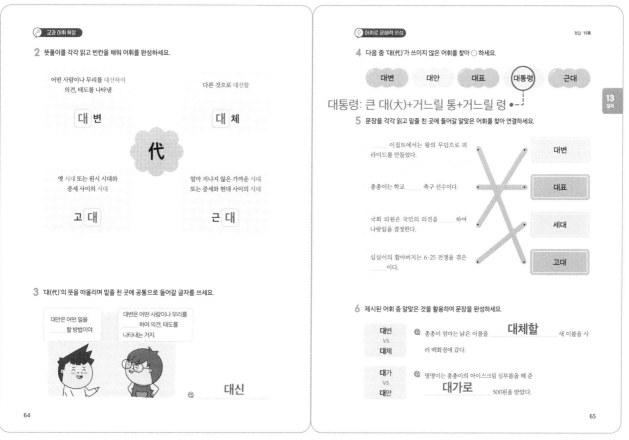

🏷 교과 어휘 확장

2 뜻풀이를 각각 읽고 빈칸을 채워 어휘를 완성하세요.

어떤 사람이나 무리를 대신하여 의견, 태도를 나타냄
대 변

다른 것으로 대신함
대 체

代

옛 시대 또는 원시 시대와 중세 사이의 시대
고 대

얼마 지나지 않은 가까운 시대 또는 중세와 현대 사이의 시대
근 대

3 '대(代)'의 뜻을 떠올리며 밑줄 친 곳에 공통으로 들어갈 글자를 쓰세요.

대안은 어떤 일을 _____ 할 방법이야.

대변은 어떤 사람이나 무리를 _____ 하여 의견, 태도를 나타내는 거지.

🖊 **대신**

64

🏷 어휘로 문해력 완성

정답 15쪽

4 다음 중 '대(代)'가 쓰이지 않은 어휘를 찾아 ○ 하세요.

대변 대안 대표 **대통령** 근대

대통령: 큰 대(大)+거느릴 통+거느릴 령

13 일차

5 문장을 각각 읽고 밑줄 친 곳에 들어갈 알맞은 어휘를 찾아 연결하세요.

_____ 이집트에서는 왕의 무덤으로 피라미드를 만들었다.

총총이는 학교 _____ 축구 선수이다.

국회 의원은 국민의 의견을 _____ 하여 나랏일을 결정한다.

심심이의 할아버지는 6·25 전쟁을 겪은 _____ 이다.

대변
대표
세대
고대

6 제시된 어휘 중 알맞은 것을 활용하여 문장을 완성하세요.

대변 vs 대체
🖊 총총이 엄마는 낡은 이불을 **대체할** 새 이불을 사러 백화점에 갔다.

대가 vs 대안
🖊 명명이는 총총이의 아이스크림 심부름을 해 준 **대가로** 500원을 받았다.

65

15

사회·역사

14 일차

공부한 날 _____ 월 _____ 일

한자의 뜻과 음을 확인하고 따라 쓰세요.

한자 따라 쓰기

뜻 많을
다 多
음   모양

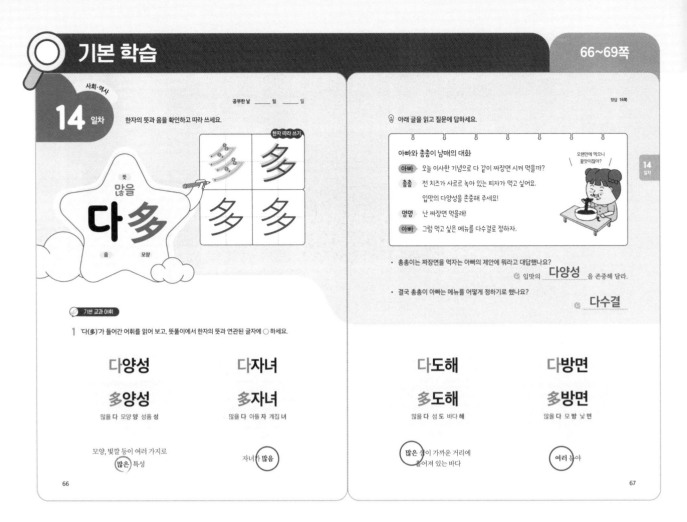

기본 교과 어휘

1 '다(多)'가 들어간 어휘를 읽어 보고, 뜻풀이에서 한자의 뜻과 연관된 글자에 ○하세요.

다양성
多양성
많을 다 모양 양 성품 성
모양, 빛깔 등이 여러 가지로
(많은) 특성

다자녀
多자녀
많을 다 아들 자 계집 녀
자녀가(많음)

다도해
多도해
많을 다 섬 도 바다 해
(많은) 섬이 가까운 거리에
흩어져 있는 바다

다방면
多방면
많을 다 모 방 낯 면
(여러) 분야

정답 16쪽

아래 글을 읽고 질문에 답하세요.

아빠와 총총이 남매의 대화

아빠 오늘 이사한 기념으로 다 같이 짜장면 시켜 먹을까?

총총 전 치즈가 사르르 녹아 있는 피자가 먹고 싶어요.
입맛의 다양성을 존중해 주세요!

명명 난 짜장면 먹을래!

아빠 그럼 먹고 싶은 메뉴를 다수결로 정하자.

오랜만에 먹으니 꿀맛이잖아?

• 총총이는 짜장면을 먹자는 아빠의 제안에 뭐라고 대답했나요?
입맛의 **다양성** 을 존중해 달라.

• 결국 총총이 아빠는 메뉴를 어떻게 정하기로 했나요?
다수결

교과 어휘 확장

2 뜻풀이를 각각 읽고 빈칸을 채워 어휘를 완성하세요.

홍수를 조절하고 농사에 필요한
물을 대는 등 여러 가지 목적을
위해 만든 댐
다 목적 댐

여러 나라에 회사를 두어
물건을 만들고 파는 기업
다 국적 기업

多

어떤 문제를 결정할 때,
많은 사람의 의견에 따르는 것
다 수결

여러 민족으로 이루어진 나라
다 민족 국가

3 '다(多)'의 뜻을 떠올리며 밑줄 친 곳에 공통으로 들어갈 글자를 쓰세요.

다도해는 ___ 섬이
가까운 거리에 흩어져
있는 바다야.

다수결은 어떤 문제를 결정
할 때, ___ 사람의 의견
에 따르는 것을 말하지.

많은

어휘로 문해력 완성

정답 16쪽

4 다음 중 '다(多)'가 쓰이지 않은 어휘를 찾아 ○하세요.

다도해   다자녀   다수결   다국적 기업   (다리)

다리: 고유어 •

5 문장을 각각 읽고 밑줄 친 곳에 들어갈 알맞은 어휘를 찾아 연결하세요.

가을 소풍은 _____에 의해 놀이공원으
로 결정되었다.
— 다수결

우리나라 남해안의 _____는 경치가 아름
다워 '해상 국립 공원'으로 지정되었다.
— 다도해

총총이 아빠의 회사는 스위스에 본사가
있는 _____이다.
— 다방면

세종 대왕은 언어뿐만 아니라 수학, 과학
등 _____에서 뛰어났다.
— 다국적 기업

6 제시된 어휘 중 알맞은 것을 활용하여 문장을 완성하세요.

다국적 기업
vs
다민족 국가
미국은 유럽, 아프리카, 아시아 등 세계 각국에서 온 사람들이 모여
사는 **다민족 국가이다.**

다양성
vs
다수결
총총이와 심심이는 좋아하는 음식이나 노래 취향은 다르지만
서로의 **다양성을** 존중한다.

앞에서 배운 내용을 따올리며 확실하게 내 것으로 만들어요!

공부한 날 ___월 ___일

1 빈칸에 공통으로 들어가는 글자를 찾아 연결하세요.

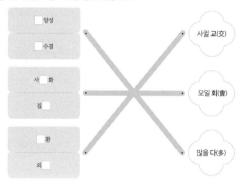

| □양성 |
| □수결 |

| 사 □화 |
| 집 □ |

| □환 |
| 외 □ |

- 사귈 교(交)
- 모일 회(會)
- 많을 다(多)

2 문장을 각각 읽고 내용에 알맞은 어휘를 골라 ○ 하세요.

- 심심이는 안 쓰는 지우개를 미미의 연필과 (외교 / 교류 / 교섭 /(물물 교환)했다.
- 대통령 후보들은 (공무원 / 공정회 / (공약)/ 공원)을 내세우며 서로 뽑아 달라고 외쳤다.
- 국회 의사당은 (사회 /(국회)/ 집회 / 회사)가 열리는 장소를 말한다.
- 우리나라 남해안은 크고 작은 섬이 많은 ((다도해)/ 다자녀 / 다수결 / 다양성)이다.

70

정답 17쪽

3 채팅 속 빈칸에 들어갈 글자를 쓰고, 같은 한자가 들어간 어휘를 찾아 묶으세요.

동	대	을	영	오	통
안	자	중	나	분	신
집	마	하	교	장	사
유	통	기	한	통	충
일	일	어	곱	등	모
의	사	소	통	삼	인

71

---

4 가로세로 열쇠의 뜻풀이를 읽고 퍼즐을 완성하세요.

❶의		❷공	공(共)	사	업
사			존		
소					
❶통(通)	행			❸근	❹대(代)
		❸❶이(利)	자		가
			윤		

가로 열쇠
- ❶ 일정한 장소를 지나다님
- ❷ 나라에서 모두의 이익을 위해 벌이는 일
- ❸ 남에게 돈을 빌려 쓴 대가로 치르는 돈
- ❹ 얼마 지나지 않은 가까운 시대 또는 중세와 현대 사이의 시대

세로 열쇠
- ❶ 가지고 있는 생각이나 느낌이 서로 통함
- ❷ 둘 이상의 사물이나 현상이 함께 있음
- ❸ 물건을 팔아서 번 돈에서 물건을 만들 때 쓴 돈을 빼고 남은 이익
- ❹ 일을 하고 그에 대한 값으로 받는 보답

72

정답 17쪽

5 보기 속 어휘를 활용하여 문장을 완성하세요.

보기
영상 통화   다수결   공무원   공공재   고대

예시 총총이네 반은 교훈을 <u>다수결로</u> 결정했다.

- 심심이는 미국에 살고 있는 사촌 동생과 **영상 통화를** 했다.

- 미미 삼촌의 직업은 시청에서 일하는 **공무원이다.**

- 시계가 없던 **고대에는** 별의 위치를 보며 시간을 확인했다.

- 공원과 도로는 모두가 함께 사용하는 **공공재이다.**

6 제시된 어휘를 활용하여 문장을 만드세요.

대중교통 → 동물원으로 가는 길은 도로가 막혀 예시 **대중교통이 더 빠르다.**

이자 → 은행에서 돈을 빌리면 그 대가로 예시 **이자를 내야 한다.**

73

17

수학·과학

15 일차

공부한날 ____ 월 ____ 일

한자의 뜻과 음을 확인하고 따라 쓰세요.

한자 따라 쓰기

뜻
모양

형 形

음   모양

形 形
形 形

기본 교과 어휘

1 '형(形)'이 들어간 어휘를 읽어 보고, 뜻풀이에서 한자의 뜻과 연관된 글자에 ○ 하세요.

도형
도形
그림 도 모양 형

점, 선, 면 등이 모여
이루어진 (모양)

삼각형
삼각形
석 삼 뿔 각 모양 형

세 개의 선분으로 둘러싸인 (도형)

정답 18쪽

아래 글을 읽고 질문에 답하세요.

쿠킹 클래스에 다녀와서

명명이가 졸라 엄마와 셋이서 쿠키를 만드는 쿠킹 클래스에 다녀왔다. 쿠키 재료로 밀가루, 설탕, 버터 등이 준비되어 있었다. 먼저 밀가루로 반죽을 한 다음, 다양한 도형 틀로 모양을 찍어 냈다. 그리고 오븐에 맞게 구웠다. 그중 사각형 초콜릿 쿠키는 심심이에게, 오각형 버터 쿠키는 미미에게 줄 생각이다.

모두
좋아하겠지?

• 총총이는 쿠키 모양을 어떻게 만들었나요?
  ✎ 다양한 **도형** 틀로 찍어 냈다.

• 총총이는 친구들에게 어떤 모양의 쿠키를 주려고 하나요?
  ✎ 심심이에게는 **사각형** 쿠키, 미미에게는 **오각형** 쿠키를 줄 계획이다.

사각형
사각形
넉 사 뿔 각 모양 형

네 개의 선분으로 둘러싸인 (도형)

오각형
오각形
다섯 오 뿔 각 모양 형

다섯 개의 선분으로 둘러싸인 (도형)

교과 어휘 확장

2 뜻풀이를 각각 읽고 빈칸을 채워 어휘를 완성하세요.

두 변의 길이가 같은 삼각형

이등변삼각 형

세 변의 길이와 세 각의 크기가
모두 같은 삼각형

정삼각 형

形

네 변의 길이와 네 각의 크기가
모두 같은 사각형

정사각 형

셋 이상의 선분으로
둘러싸인 도형

다각 형

3 '형(形)'의 뜻을 떠올리며 밑줄 친 곳에 공통으로 들어갈 글자를 쓰세요.

삼각형은 세 개의
선분으로 둘러싸인
____이야.

다각형은 셋 이상의
선분으로 둘러싸인
____을 말해.

✎ ____ **도형**

어휘로 문해력 완성

정답 18쪽

4 다음 중 '형(形)'이 쓰이지 않은 어휘를 찾아 ○ 하세요.

삼각형   **형제**   도형   다각형   정사각형

└→ 형제: 형 형(兄) + 아우 제

5 문장을 각각 읽고 밑줄 친 곳에 들어갈 알맞은 어휘를 찾아 연결하세요.

이웃하는 다섯 개의 점을 연결하면
____이 된다.   ●   ● 오각형

미미는 똑같은 길이의 성냥개비 네 개로
____을 만들었다.   ●   ● 정사각형

편의점에서 파는 삼각 김밥은 ____ 모
양에서 이름을 따왔다. ●   ● 도형

미술 시간에 명명이는 여러 가지
____을 이용하여 집을 그렸다. ●   ● 삼각형

6 제시된 어휘 중 알맞은 것을 활용하여 문장을 완성하세요.

사각형
vs
오각형

✎ 우리 주위에서 볼 수 있는 창문, 공책, 사진은 모두
  사각형이다.

정삼각형
vs
정사각형

✎ **정삼각형**은 세 변의 길이가 모두 같으므로
  이등변삼각형이라고도 할 수 있다.

76

77

78

79

16 일차 수학·과학

공부한 날 ____ 월 ____ 일

한자의 뜻과 음을 확인하고 따라 쓰세요.

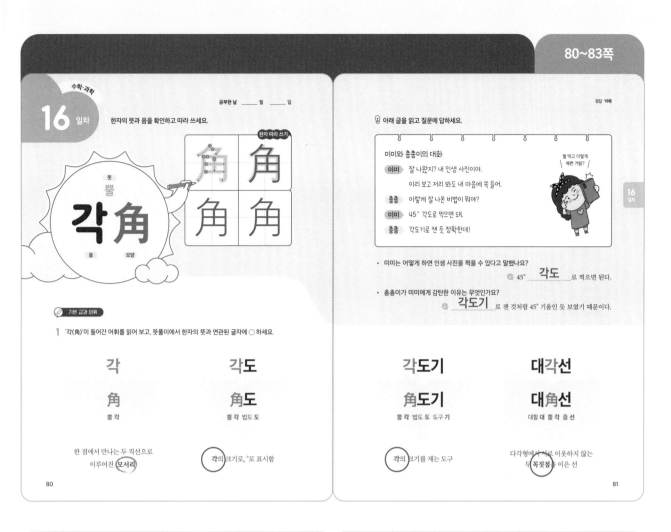

한자 따라 쓰기

角 角
角 角

뜻 뿔
각 角
음 모양

기본 교과 어휘

1 '각(角)'이 들어간 어휘를 읽어 보고, 뜻풀이에서 한자의 뜻과 연관된 글자에 ○하세요.

각 — **角** — 뿔 각
한 점에서 만나는 두 직선으로 이루어진 (모서리)

각도 — **角도** — 뿔 각 법도 도
각의 크기로, °로 표시함

정답 19쪽

아래 글을 읽고 질문에 답하세요.

미미와 총총이의 대화

미미 잘 나왔지? 내 인생 사진이야.
이리 보고 저리 봐도 내 마음에 쏙 들어.
총총 이렇게 잘 나온 비법이 뭐야?
미미 45° 각도로 찍으면 돼.
총총 각도기로 잰 듯 정확한데!

(뭘 먹고 이렇게 예쁜 거랄?)

• 미미는 어떻게 하면 인생 사진을 찍을 수 있다고 말했나요?
45° **각도**로 찍으면 된다.

• 총총이가 미미에게 감탄한 이유는 무엇인가요?
각도기로 잰 것처럼 45° 기울인 듯 보였기 때문이다.

각도기 — **角도기** — 뿔 각 법도 도 도구 기
각의 크기를 재는 도구

대각선 — **대角선** — 대할 대 뿔 각 줄 선
다각형에서 서로 이웃하지 않는 두 꼭짓점을 이은 선

교과 어휘 확장

2 뜻풀이를 각각 읽고 빈칸을 채워 어휘를 완성하세요.

0°보다 크고 90°보다 작은 각
예 **각**

90°보다 크고 180°보다 작은 각
둔 **각**

角

다각형의 안쪽에 있는 각
내 **각**

다각형의 한 변과 바깥으로 이어진 선이 이루는 각
외 **각**

3 '각(角)'의 뜻을 떠올리며 밑줄 친 곳에 공통으로 들어갈 글자를 쓰세요.

각도기는 ____의 크기를 재는 도구야.

내각은 다각형의 안쪽에 있는 ____을 말하지.

____ **각**

정답 19쪽

어휘로 문해력 완성

4 다음 중 '각(角)'이 쓰이지 않은 어휘를 찾아 ○하세요.

각도   예각   (조각)   대각선   내각

└─ 조각: 새길 조 + 새길 각(刻)

5 문장을 각각 읽고 밑줄 친 곳에 들어갈 알맞은 어휘를 찾아 연결하세요.

총총이는 미미에게 다리가 길어 보이는 ____로 사진을 찍어 달라고 했다. • → 예각

사각형 안에 ____ 하나를 그으면 두 개의 삼각형이 생긴다. • → 내각

예각 삼각형은 세 각이 모두 ____으로 이루어져 있다. • → 대각선

삼각형의 ____을 모두 합하면 180°가 된다. • → 각도

6 제시된 어휘 중 알맞은 것을 활용하여 문장을 완성하세요.

각도
vs
각도기
심심이는 **각도기를** 이용하여 책상 모서리의 각도를 재 보았다.

대각선
vs
예각
메가 빵집 앞에서 **대각선** 방향으로 횡단보도를 건너면 문방구가 있다.

수학·과학

17 일차

공부한 날 ____ 월 ____ 일

한자의 뜻과 음을 확인하고 따라 쓰세요.

한자 따라 쓰기

뜻
곧을
직直
음   모양

直 直
直 直

정답 20쪽

아래 글을 읽고 질문에 답하세요.

심심이에게

수영장에서 다이빙대를 보니, 네 생각이 났단다. 넌 어떻게 그
높은 곳에서 떨어질 수 있냐며 신기해했지. 다이빙을 하려면,
먼저 마음을 가다듬고 다이빙대 끝까지 직선으로 걸어가야 해.
그리고 점프해서 수직으로 물속에 들어가는 거지.
언젠가 멋지게 다이빙하는 네 모습을 기대할게!   - 랑랑쌤

심심이, 너도
할 수 있어!

17
일차

• 다이빙을 하려면 무엇부터 해야 하나요?
  ✎ 마음을 가다듬고 다이빙대 끝까지 __직선__ 으로 걸어간다.
• 다이빙을 완성하는 마지막 동작은 무엇인가요?
  ✎ 점프해서 __수직__ 으로 물속에 들어간다.

기본 교과 어휘

1 '직(直)'이 들어간 어휘를 읽어 보고, 뜻풀이에서 한자의 뜻과 연관된 글자에 ○하세요.

직선   **직각**
直선   **直각**
곧을 직 줄 선   곧을 직 뿔 각

양쪽으로 끝없이 늘인 (곧은) 선   두 선이 (곧게) 만나
이루는 90°의 각

수직   **직사각형**
수直   **直사각형**
드리울 수 곧을 직   곧을 직 넉 사 뿔 각 모양 형

직선과 직선, 직선과 면, 면과 면이   네 각이 (곧게) 만나
(곧게) 만나 90°를 이루는 상태   90°를 이루는 사각형

교과 어휘 확장

2 뜻풀이를 각각 읽고 빈칸을 채워 어휘를 완성하세요.

한 점을 기준으로 한쪽 방향으로   원의 중심을 지나는
끝없이 늘인 곧은 선   곧게 뻗은 선

반 **직** 선   **직** 경

直

한 각이 직각인 삼각형   곧게 나아감

직 각삼각형   **직** 진

3 '직(直)'의 뜻을 떠올리며 밑줄 친 곳에 공통으로 들어갈 글자를 쓰세요.

직사각형은 네 각이
만나 90°를 이루는
사각형이야!

직경은 원의 중심을 지나
는 _____ 뻗은 선을
나타내지.

✎ __곧게__

어휘로 문해력 완성

정답 20쪽

4 다음 중 '직(直)'이 쓰이지 않은 어휘를 찾아 ○하세요.

(직업)   직각   반직선   수직   직경

└ ▶ 직업: 벼슬 직(職) + 일 업

5 문장을 각각 읽고 밑줄 친 곳에 들어갈 알맞은 어휘를 찾아 연결하세요.

직선과 달리 _____ 은 한쪽 방향으로만
늘어난다.   •   •   직각

시계의 시침과 분침이 _____ 을 이루며 3
시를 가리켰다.   •   •   반직선

망원경은 렌즈의 _____ 이 클수록 더 멀
리 자세하게 볼 수 있다.   •   •   직사각형

정사각형은 네 각이 모두 직각이므로
_____ 이라고도 할 수 있다.   •   •   직경

17
일차

6 제시된 어휘 중 알맞은 것을 활용하여 문장을 완성하세요.

수직
vs
직경
✎ 메가 놀이공원에는 높이 올라갔다가   __수직으로__
빠르게 떨어지는 놀이 기구가 있다.

직각
vs
직선
✎ 비행기가 __직선으로__ 쭉 뻗은 활주로를 힘차게 달리
더니 하늘로 날아올랐다.

84

85

86

87

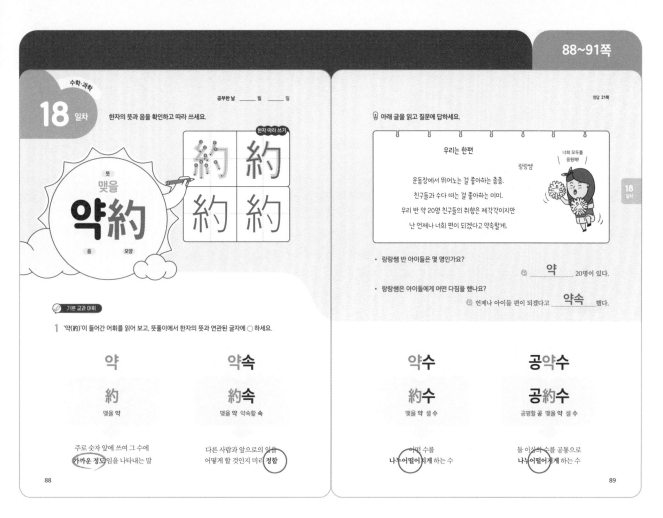

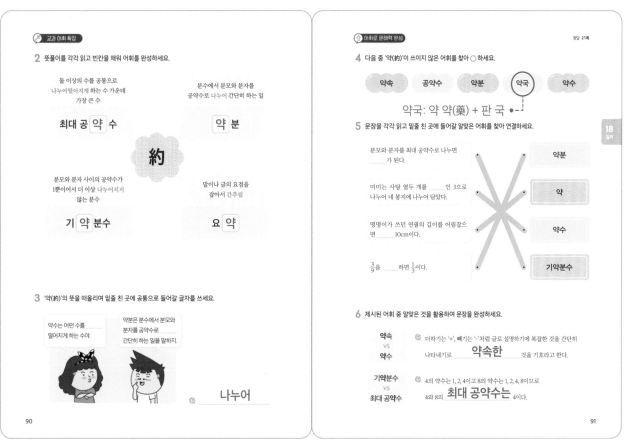

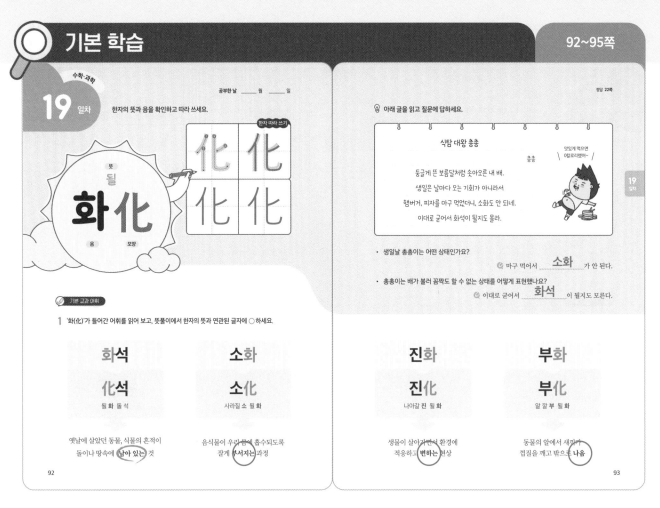

수학·과학

19 일차

공부한 날 _____ 월 _____ 일

한자의 뜻과 음을 확인하고 따라 쓰세요.

한자 따라 쓰기

뜻 될

화 化

음 모양

기본 교과 어휘

1 '화(化)'가 들어간 어휘를 읽어 보고, 뜻풀이에서 한자의 뜻과 연관된 글자에 ○하세요.

화석
化석
될 화 돌 석
옛날에 살았던 동물, 식물의 흔적이
돌이나 땅속에 남아 있는 것

소화
소化
사라질 소 될 화
음식물이 우리 몸에 흡수되도록
잘게 부서지는 과정

정답 22쪽

아래 글을 읽고 질문에 답하세요.

식탐 대왕 총총

둥글게 뜬 보름달처럼 솟아오른 내 배.
생일은 날마다 오는 기회가 아니라서
햄버거, 피자를 마구 먹었더니, 소화도 안 되네.
이대로 굳어서 화석이 될지도 몰라.

총총

맛있게 먹으면
에칼로리랬어~

• 생일날 총총이는 어떤 상태인가요?
  마구 먹어서 __소화__ 가 안 된다.

• 총총이는 배가 불러 꼼짝도 할 수 없는 상태를 어떻게 표현했나요?
  이대로 굳어서 __화석__ 이 될지도 모른다.

진화
진化
나아갈 진 될 화
생물이 살아가면서 환경에
적응하고 변하는 현상

부화
부化
알 깔 부 될 화
동물의 알에서 새끼가
껍질을 깨고 밖으로 나옴

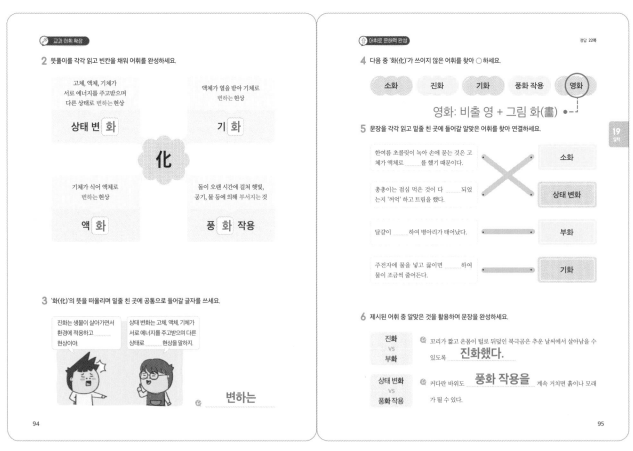

교과 어휘 확장

2 뜻풀이를 각각 읽고 빈칸을 채워 어휘를 완성하세요.

고체, 액체, 기체가
서로 에너지를 주고받으며
다른 상태로 변하는 현상

상태 변 화

액체가 열을 받아 기체로
변하는 현상

기 화

化

기체가 식어 액체로
변하는 현상

액 화

돌이 오랜 시간에 걸쳐 햇빛,
공기, 물 등에 의해 부서지는 것

풍 화 작용

3 '화(化)'의 뜻을 떠올리며 밑줄 친 곳에 공통으로 들어갈 글자를 쓰세요.

진화는 생물이 살아가면서
환경에 적응하고
_____ 현상이야.

상태 변화는 고체, 액체, 기체가
서로 에너지를 주고받으며 다른
상태로 _____ 현상을 말하지.

변하는

어휘로 문해력 완성

정답 22쪽

4 다음 중 '화(化)'가 쓰이지 않은 어휘를 찾아 ○하세요.

소화   진화   기화   풍화 작용   (영화)

영화: 비출 영 + 그림 화(畫)

5 문장을 각각 읽고 밑줄 친 곳에 들어갈 알맞은 어휘를 찾아 연결하세요.

한여름 초콜릿이 녹아 손에 묻는 것은 고
체가 액체로 _____를 했기 때문이다.

총총이는 점심 먹은 것이 다 _____ 되었
는지 '꺼억' 하고 트림을 했다.

달걀이 _____하여 병아리가 태어났다.

주전자에 물을 넣고 끓이면 _____하여
물이 조금씩 줄어든다.

소화
상태 변화
부화
기화

6 제시된 어휘 중 알맞은 것을 활용하여 문장을 완성하세요.

진화
vs
부화

꼬리가 짧고 온몸이 털로 뒤덮인 북극곰은 추운 날씨에서 살아남을 수
있도록 __진화했다.__

상태 변화
vs
풍화작용

커다란 바위도 __풍화 작용을__ 계속 거치면 흙이나 모래
가 될 수 있다.

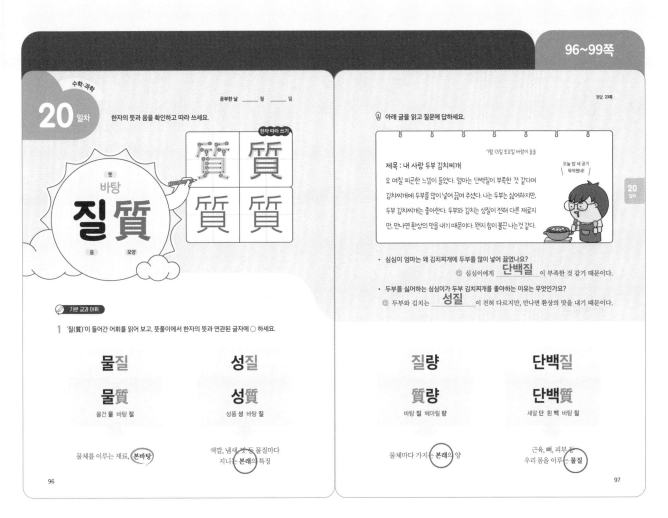

20일차

한자의 뜻과 음을 확인하고 따라 쓰세요.

한자 따라 쓰기

뜻 바탕
질 質
음   모양

質 質
質 質

기본 교과 어휘

1 '질(質)'이 들어간 어휘를 읽어 보고, 뜻풀이에서 한자의 뜻과 연관된 글자에 ○ 하세요.

물질
물質
물건 물 바탕 질

물체를 이루는 재료, (본바탕)

성질
성質
성품 성 바탕 질

색깔, 냄새, 맛 등 물질마다
지니는 본래의 특징

질량
質량
바탕 질 헤아릴 량

물체마다 가지는 본래의 양

단백질
단백質
새알 단 흰 백 바탕 질

근육, 뼈, 피부 등
우리 몸을 이루는 물질

96

아래 글을 읽고 질문에 답하세요.

정답 23쪽

7월 13일 토요일 바람이 솔솔

제목 : 내 사랑 두부 김치찌개

요 며칠 피곤한 느낌이 들었다. 엄마는 단백질이 부족한 것 같다며 김치찌개에 두부를 많이 넣어 끓여 주셨다. 나는 두부는 싫어하지만, 두부 김치찌개는 좋아한다. 두부와 김치는 성질이 전혀 다른 재료지만, 만나면 환상의 맛을 내기 때문이다. 왠지 힘이 불끈 나는것 같다.

오늘 밥 세 공기 뚝딱했네!

· 심심이 엄마는 왜 김치찌개에 두부를 많이 넣어 끓였나요?
  ✍ 심심이에게 ___단백질___ 이 부족한 것 같기 때문이다.

· 두부를 싫어하는 심심이가 두부 김치찌개를 좋아하는 이유는 무엇인가요?
  ✍ 두부와 김치는 ___성질___ 이 전혀 다르지만, 만나면 환상의 맛을 내기 때문이다.

97

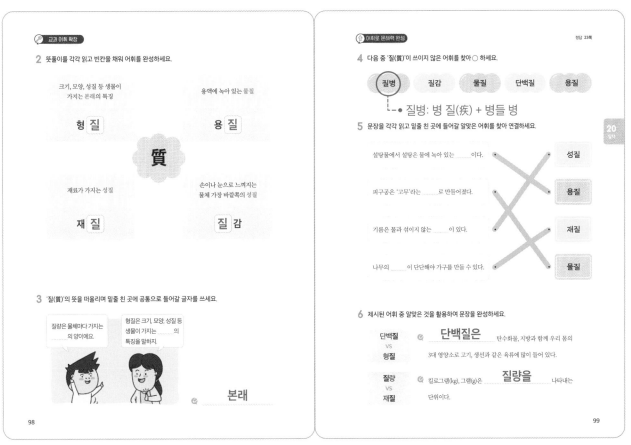

교과 어휘 확장

2 뜻풀이를 각각 읽고 빈칸을 채워 어휘를 완성하세요.

크기, 모양, 성질 등 생물이
가지는 본래의 특징

형 질

용액에 녹아 있는 물질

용 질

質

재료가 가지는 성질

재 질

손이나 눈으로 느껴지는
물체 가장 바깥쪽의 성질

질 감

3 '질(質)'의 뜻을 떠올리며 밑줄 친 곳에 공통으로 들어갈 글자를 쓰세요.

질량은 물체마다 가지는 ___의 양이에요.

형질은 크기, 모양, 성질 등
생물이 가지는 ___의 특징을 말하지.

본래

98

어휘로 문해력 완성

정답 23쪽

4 다음 중 '질(質)'이 쓰이지 않은 어휘를 찾아 ○ 하세요.

(질병)   질감   물질   단백질   용질

┗-- 질병: 병 질(疾) + 병들 병

5 문장을 각각 읽고 밑줄 친 곳에 들어갈 알맞은 어휘를 찾아 연결하세요.

설탕물에서 설탕은 물에 녹아 있는 ___이다. • — • 성질

피구공은 '고무'라는 ___로 만들어졌다. • — • 용질

기름은 물과 섞이지 않는 ___이 있다. • — • 재질

나무의 ___이 단단해야 가구를 만들 수 있다. • — • 물질

6 제시된 어휘 중 알맞은 것을 활용하여 문장을 완성하세요.

단백질
vs
형질

✍ ___단백질은___ 탄수화물, 지방과 함께 우리 몸의
3대 영양소로 고기, 생선과 같은 육류에 많이 들어 있다.

질량
vs
재질

✍ 킬로그램(kg), 그램(g)은 ___질량을___ 나타내는
단위이다.

99

23

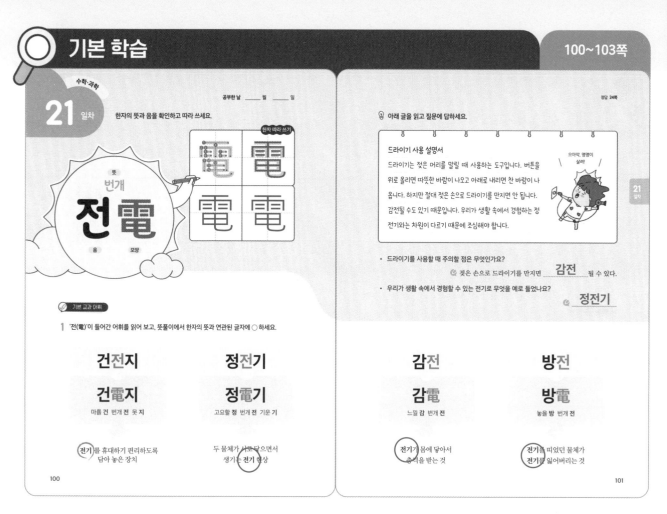

21 일차

공부한 날 _____월 _____일

한자의 뜻과 음을 확인하고 따라 쓰세요.

한자 따라 쓰기

뜻 번개

전 電

음 모양

電 電
電 電

기본 교과 어휘

1 '전(電)'이 들어간 어휘를 읽어 보고, 뜻풀이에서 한자의 뜻과 연관된 글자에 ○하세요.

건전지
건電지
마를 건 번개 전 못 지
전기를 휴대하기 편리하도록
담아 놓은 장치

정전기
정電기
고요할 정 번개 전 기운 기
두 물체가 서로 닿으면서
생기는 전기 현상

정답 24쪽

아래 글을 읽고 질문에 답하세요.

드라이기 사용 설명서

드라이기는 젖은 머리를 말릴 때 사용하는 도구입니다. 버튼을
위로 올리면 따뜻한 바람이 나오고 아래로 내리면 찬 바람이 나
옵니다. 하지만 절대 젖은 손으로 드라이기를 만지면 안 됩니다.
감전될 수도 있기 때문입니다. 우리가 생활 속에서 경험하는 정
전기와는 차원이 다르기 때문에 조심해야 합니다.

으아악, 영명이
살려!

• 드라이기를 사용할 때 주의할 점은 무엇인가요?
젖은 손으로 드라이기를 만지면 _____감전_____ 될 수 있다.

• 우리가 생활 속에서 경험할 수 있는 전기로 무엇을 예로 들었나요?
_____정전기_____

감전
감電
느낄 감 번개 전
전기가 몸에 닿아서
충격을 받는 것

방전
방電
놓을 방 번개 전
전기를 띠었던 물체가
전기를 잃어버리는 것

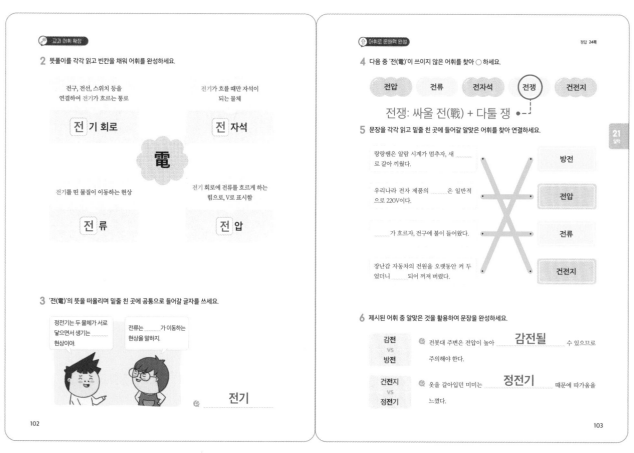

교과 어휘 확장

2 뜻풀이를 각각 읽고 빈칸을 채워 어휘를 완성하세요.

전구, 전선, 스위치 등을
연결하여 전기가 흐르는 통로

전 기 회로

전기가 흐를 때만 자석이
되는 물체

전 자석

電

전기를 띤 물질이 이동하는 현상

전 류

전기 회로에 전류를 흐르게 하는
힘으로, V로 표시함

전 압

3 '전(電)'의 뜻을 떠올리며 밑줄 친 곳에 공통으로 들어갈 글자를 쓰세요.

정전기는 두 물체가 서로
닿으면서 생기는
현상이야.

전류는 _____가 이동하는
현상을 말하지.

_____전기_____

어휘로 문해력 완성

정답 24쪽

4 다음 중 '전(電)'이 쓰이지 않은 어휘를 찾아 ○하세요.

전압   전류   전자석   **전쟁**   건전지

전쟁: 싸울 전(戰) + 다툴 쟁

5 문장을 각각 읽고 밑줄 친 곳에 들어갈 알맞은 어휘를 찾아 연결하세요.

랑랑쌤은 알람 시계가 멈추자, 새 _____
로 갈아 끼웠다.

우리나라 전자 제품의 _____은 일반적
으로 220V이다.

_____가 흐르자, 전구에 불이 들어왔다.

장난감 자동차의 전원을 오랫동안 켜 두
었더니 _____되어 꺼져 버렸다.

방전
전압
전류
건전지

6 제시된 어휘 중 알맞은 것을 활용하여 문장을 완성하세요.

감전
vs
방전

전봇대 주변은 전압이 높아 _____감전될_____ 수 있으므로
주의해야 한다.

건전지
vs
정전기

옷을 갈아입던 미미는 _____정전기_____ 때문에 따가움을
느꼈다.

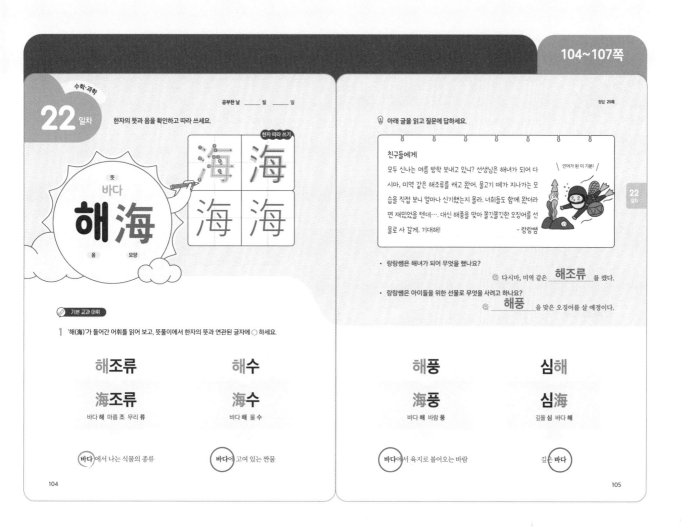

22 일차 수학·과학

공부한 날 _____ 월 _____ 일

한자의 뜻과 음을 확인하고 따라 쓰세요.

한자 따라 쓰기

뜻 바다
해 海
음 모양

海 海
海 海

기본 교과 어휘

1 '해(海)'가 들어간 어휘를 읽어 보고, 뜻풀이에서 한자의 뜻과 연관된 글자에 ○ 하세요.

해조류
海조류
바다 해 마름 조 무리 류
바다에서 나는 식물의 종류

해수
海수
바다 해 물 수
바다에 고여 있는 짠물

해풍
海풍
바다 해 바람 풍
바다에서 육지로 불어오는 바람

심해
심海
깊을 심 바다 해
깊은 바다

아래 글을 읽고 질문에 답하세요.

정답 25쪽

친구들에게

모두 신나는 여름 방학 보내고 있니? 선생님은 해녀가 되어 다시마, 미역 같은 해조류를 캐고 왔어. 물고기 떼가 지나가는 모습을 직접 보니 얼마나 신기했는지 몰라. 너희들도 함께 왔더라면 재밌었을 텐데···. 대신 해풍을 맞아 쫄깃쫄깃한 오징어를 선물로 사 갈게. 기대해!

- 랑랑쌤

인어가 된 이 기분!

- 랑랑쌤은 해녀가 되어 무엇을 했나요?
다시마, 미역 같은 **해조류** 를 캤다.

- 랑랑쌤은 아이들을 위한 선물로 무엇을 사려고 하나요?
해풍 을 맞은 오징어를 살 예정이다.

교과 어휘 확장

2 뜻풀이를 각각 읽고 빈칸을 채워 어휘를 완성하세요.

일정한 방향과 속도로 움직이는 바닷물의 흐름
해 류

바닷물에 의해 깎여 만들어진 동굴
해 식 동굴

海

바닷물의 가장 바깥 면
해 수면

바닷물의 가장 바깥 면을 기준으로 잰 어떤 곳의 높이
해 발 고도

3 '해(海)'의 뜻을 떠올리며 밑줄 친 곳에 공통으로 들어갈 글자를 쓰세요.

해풍은 _____에서 육지로 불어오는 바람이야.

해수는 _____에 고여 있는 짠물을 말해.

바다

어휘로 문해력 완성

정답 25쪽

4 다음 중 '해(海)'가 쓰이지 않은 어휘를 찾아 ○ 하세요.

해류 심해 **해결** 해풍 해조류

해결: 풀 해(解) + 결정할 결

5 문장을 각각 읽고 밑줄 친 곳에 들어갈 알맞은 어휘를 찾아 연결하세요.

미미는 바닷가에서 낯선 물체가 _____를 타고 떠밀려 온 것을 보았다.
• **해류**

전복은 다시마, 미역 등의 _____를 먹이로 한다.
• **해수**

지구 온난화로 _____이 높아지면서 북극곰이 살 곳이 사라지고 있다.
• **해수면**

지구를 이루는 물의 97% 이상이 _____이다.
• **해조류**

6 제시된 어휘 중 알맞은 것을 활용하여 문장을 완성하세요.

해수
vs
심해
심해는 햇볕이 들지 않아 캄캄하고, 온도가 낮으며, 물의 압력 또한 매우 높다.

해식 동굴
vs
해발 고도
세계에서 가장 높은 에베레스트 산의 **해발 고도는** 약 8,848m로, 가장 높은 부분은 일 년 내내 눈이 녹지 않는다.

104
105
106
107

알아서 배운 내용을 따올리며 확실하게 내 것으로 만들어요!

공부한 날 ____ 월 ____ 일

1 빈칸에 공통으로 들어가는 글자를 찾아 연결하세요.

심 □
□ 수면

오각 □
도 □

방 □
□ 기 회로

· 바다 해(海)
· 모양 형(形)
· 번개 전(電)

2 문장을 각각 읽고 내용에 알맞은 어휘를 골라 ○ 하세요.

- 랑랑쌤은 우리 학교에 (약수 / **약** / 약속 / 약분) 3만 권의 책이 있다고 말했다.
- 인간은 네발로 기다가 두 발로 걷도록 (액화 / **진화** / 화석 / 기화)했다.
- 총총이가 작동이 멈춘 장난감의 (**건전지** / 전류 / 정전기 / 전기 회로)를 갈아 끼웠다.
- 바람이 많이 부는 곳에서는 (마찰력 / 중력 / 속력 / **풍력**)을 이용하여 전기를 만든다.

112

정답 27쪽

3 채팅 속 빈칸에 들어갈 글자를 쓰고, 같은 한자가 들어간 어휘를 찾아 묶으세요.

공	택	초	다	약	당
지	약	길	가	분	환
하	일	수	놀	무	퍼
삼	맥	걸	사	호	활
여	외	요	약	소	수
약	속	가	것	생	경

113

---

4 가로세로 열쇠의 뜻풀이를 읽고 퍼즐을 완성하세요.

❶예	❶각(角)			❸❷직(直)	경
	도			사	
	기			각	
				형	
❸물	❸질(質)				❹인
	량			❹마	찰	력(力)

가로 열쇠
① 0°보다 크고 90°보다 작은 각
② 원의 중심을 지나는 곧게 뻗은 선
③ 물체를 이루는 재료, 본바탕
④ 한 물체가 다른 물체와 맞닿은 상태에서 움직일 때, 그 움직임을 방해하는 힘

세로 열쇠
① 각의 크기를 재는 도구
② 네 각이 곧게 만나 90°를 이루는 사각형
③ 물체마다 가지는 본래의 양
④ 두 물체가 서로 끌어당기는 힘

114

정답 27쪽

5 보기 속 어휘를 활용하여 문장을 완성하세요.

보기: 속력 심해 소화 삼각형 재질

예시 심심이는 점 세 개를 이어서 __삼각형__ 을 그렸다.

- 쇼핑을 간 총총이 엄마는 옷의 __재질이__ 어떤지 손으로 만지며 확인했다.
- 총총이는 점심에 먹은 빵이 __소화되지__ 않아 속이 더부룩했다.
- 햇빛이 비치지 않는 __심해에__ 사는 물고기들은 스스로 빛을 내기도 한다.
- 총총이 아빠는 약속 시간에 늦지 않도록 자동차의 __속력을__ 냈다.

6 제시된 어휘를 활용하여 문장을 만드세요.

정전기 → 날씨가 추운 겨울에는 예시 __정전기가 잘 일어난다.__

수직 → 커다란 소리를 내며 폭포의 물줄기가 예시 __수직으로 떨어졌다.__

115

27

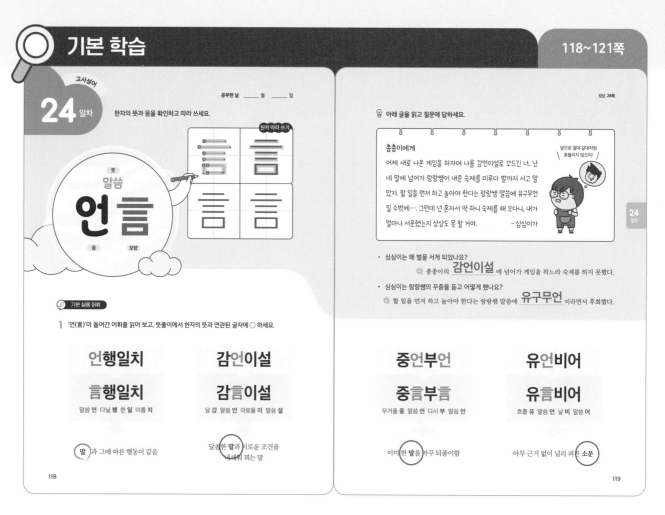

공부한 날 _____ 월 _____ 일

한자의 뜻과 음을 확인하고 따라 쓰세요.

한자 따라 쓰기

뜻
말씀

언言

음   모양

기본 실용 어휘

1 '언(言)'이 들어간 어휘를 읽어 보고, 뜻풀이에서 한자의 뜻과 연관된 글자에 ○ 하세요.

언행일치
言행일치
말씀 언 다닐 행 한 일 이룰 치

(말) 과 그에 따른 행동이 같음

감언이설
감言이설
달 감 말씀 언 이로울 이 말씀 설

달콤한 **(말)** 과 이로운 조건을 내세워 꾀는 말

정답 28쪽

아래 글을 읽고 질문에 답하세요.

총총이에게
어제 새로 나온 게임을 하자며 나를 감언이설로 꼬드긴 너. 난 네 말에 넘어가 랑랑쌤이 내준 숙제를 미루다 벌까지 서고 말았지. 할 일을 먼저 하고 놀아야 한다는 랑랑쌤 말씀에 유구무언일 수밖에…. 그런데 넌 혼자서 떡 하니 숙제를 해 오다니, 내가 얼마나 서운했는지 상상도 못 할 거야.   - 심심이가

앞으로 절대 갈대처럼 흔들리지 않으리!

• 심심이는 왜 벌을 서게 되었나요?
  총총이의 **감언이설** 에 넘어가 게임을 하느라 숙제를 하지 못했다.

• 심심이는 랑랑쌤의 꾸중을 듣고 어떻게 했나요?
  할 일을 먼저 하고 놀아야 한다는 랑랑쌤 말씀에 **유구무언** 이라면서 후회했다.

중언부언
중言부言
무거울 중 말씀 언 다시 부 말씀 언

이미 **(한)** 말을 자꾸 되풀이함

유언비어
유言비어
흐를 유 말씀 언 날 비 말씀 어

아무 근거 없이 널리 퍼진 **(소문)**

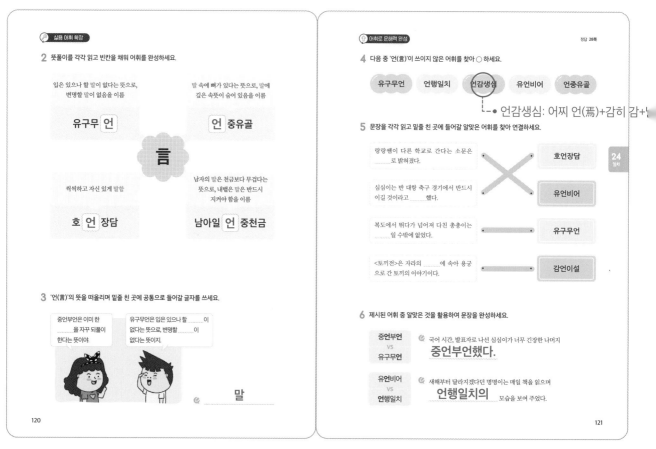

실용 어휘 확장

2 뜻풀이를 각각 읽고 빈칸을 채워 어휘를 완성하세요.

입은 있으나 할 말이 없다는 뜻으로, 변명할 말이 없음을 이름

유구무 언

말 속에 뼈가 있다는 뜻으로, 말에 깊은 속뜻이 숨어 있음을 이름

언 중유골

言

씩씩하고 자신 있게 말함

호 언 장담

남자의 말은 천금보다 무겁다는 뜻으로, 내뱉은 말은 반드시 지켜야 함을 이름

남아일 언 중천금

3 '언(言)'의 뜻을 떠올리며 밑줄 친 곳에 공통으로 들어갈 글자를 쓰세요.

중언부언은 이미 한 _____ 을 자꾸 되풀이 한다는 뜻이야.

유구무언은 입은 있으나 할 _____ 이 없다는 뜻으로 변명할 _____ 이 없다는 뜻이지.

말

어휘로 문해력 완성

정답 28쪽

4 다음 중 '언(言)'이 쓰이지 않은 어휘를 찾아 ○ 하세요.

유구무언   언행일치   (언감생심)   유언비어   언중유골

⌐⌐▶ 언감생심: 어찌 언(焉)+감히 감+날

5 문장을 각각 읽고 밑줄 친 곳에 들어갈 알맞은 어휘를 찾아 연결하세요.

랑랑쌤이 다른 학교로 간다는 소문은 _____로 밝혀졌다.   호언장담

심심이는 반 대항 축구 경기에서 반드시 이길 것이라고 _____했다.   유언비어

복도에서 뛰다가 넘어져 다친 총총이는 _____ 일 수밖에 없었다.   유구무언

<토끼전>은 자라의 _____ 에 속아 용궁으로 간 토끼의 이야기이다.   감언이설

6 제시된 어휘 중 알맞은 것을 활용하여 문장을 완성하세요.

중언부언
VS
유구무언
  국어 시간, 발표자로 나선 심심이가 너무 긴장한 나머지 **중언부언했다.**

유언비어
VS
언행일치
  새해부터 달라지겠다던 명명이는 매일 책을 읽으며 **언행일치의** 모습을 보여 주었다.

118   119

120   121

28

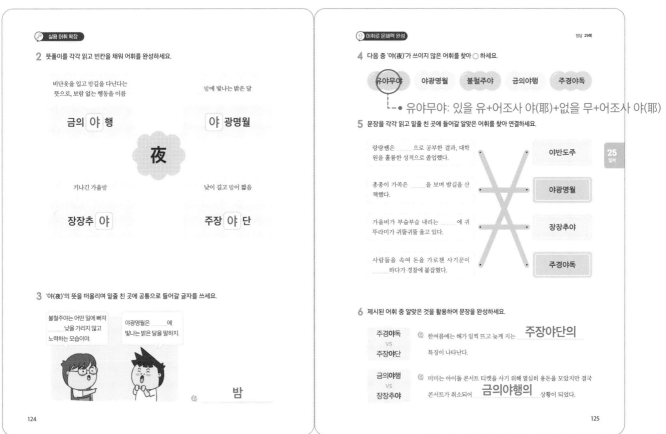

29

고사성어

26 일차

공부한 날 _____월 _____일

한자의 뜻과 음을 확인하고 따라 쓰세요.

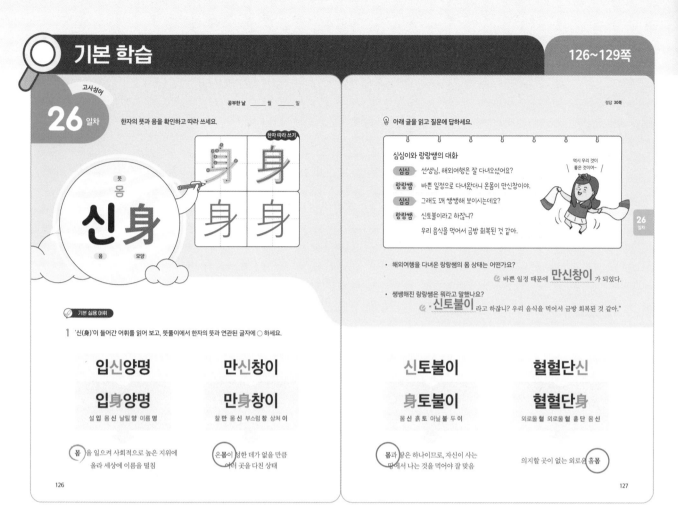

뜻
몸

신 身

음
모양

한자 따라 쓰기

身 身
身 身

기본 실력 어휘

1 '신(身)'이 들어간 어휘를 읽어 보고, 뜻풀이에서 한자의 뜻과 연관된 글자에 ○하세요.

입신양명
입身양명
설 입 몸 신 날릴 양 이름 명

몸을 일으켜 사회적으로 높은 지위에 올라 세상에 이름을 떨침

만신창이
만身창이
찰 만 몸 신 부스럼 창 상처 이

온몸이 성한 데가 없을 만큼 여러 곳을 다친 상태

정답 30쪽

아래 글을 읽고 질문에 답하세요.

심심이와 랑랑쌤의 대화

심심 선생님, 해외여행은 잘 다녀오셨어요?

랑랑쌤 바쁜 일정으로 다녀왔더니 온몸이 만신창이야.

심심 그래도 꽤 쌩쌩해 보이시는데요?

랑랑쌤 신토불이라고 하잖니? 우리 음식을 먹어서 금방 회복된 것 같아.

역시 우리 것이 좋은 것이어~

• 해외여행을 다녀온 랑랑쌤의 몸 상태는 어떤가요?
✏ 바쁜 일정 때문에 **만신창이** 가 되었다.

• 쌩쌩해진 랑랑쌤은 뭐라고 말했나요?
✏ " **신토불이** 라고 하잖니? 우리 음식을 먹어서 금방 회복된 것 같아."

신토불이
身토불이
몸 신 흙 토 아닐 불 두 이

몸과 땅은 하나이므로, 자신이 사는 땅에서 나는 것을 먹어야 잘 맞음

혈혈단신
혈혈단身
외로울 혈 외로울 혈 홀단 몸 신

의지할 곳이 없는 외로운 홀**몸**

실력 어휘 확장

2 뜻풀이를 각각 읽고 빈칸을 채워 어휘를 완성하세요.

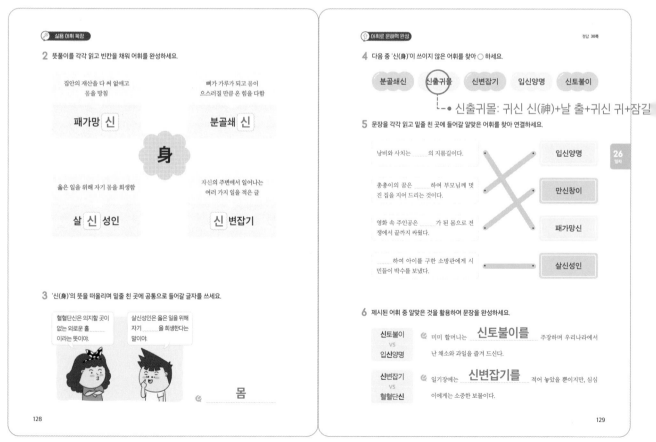

집안의 재산을 다 써 없애고 몸을 망침
패가망 신

뼈가 가루가 되고 몸이 으스러질 만큼 온 힘을 다함
분골쇄 신

身

옳은 일을 위해 자기 몸을 희생함
살 신 성인

자신의 주변에서 일어나는 여러 가지 일을 적은 글
신 변잡기

3 '신(身)'의 뜻을 떠올리며 밑줄 친 곳에 공통으로 들어갈 글자를 쓰세요.

혈혈단신은 의지할 곳이 없는 외로운 홀 _____ 이라는 뜻이야.

살신성인은 옳은 일을 위해 자기 _____을 희생한다는 말이야.

✏ **몸**

어휘로 문해력 완성

정답 30쪽

4 다음 중 '신(身)'이 쓰이지 않은 어휘를 찾아 ○하세요.

분골쇄신 신출귀몰 신변잡기 입신양명 신토불이

└─• 신출귀몰: 귀신 신(神)+날 출+귀신 귀+잠길 길

5 문장을 각각 읽고 밑줄 친 곳에 들어갈 알맞은 어휘를 찾아 연결하세요.

낭비와 사치는 _____의 지름길이다. • • 입신양명

총총이의 꿈은 _____하여 부모님께 멋진 집을 지어 드리는 것이다. • • 만신창이

영화 속 주인공은 _____가 된 몸으로 전쟁에서 끝까지 싸웠다. • • 패가망신

_____하여 아이를 구한 소방관에게 시민들이 박수를 보냈다. • • 살신성인

6 제시된 어휘 중 알맞은 것을 활용하여 문장을 완성하세요.

신토불이
vs
입신양명

✏ 미미 할머니는 **신토불이를** 주장하며 우리나라에서 난 채소와 과일을 즐겨 드신다.

신변잡기
vs
혈혈단신

✏ 일기장에는 **신변잡기를** 적어 놓았을 뿐이지만, 심심이에게는 소중한 보물이다.

27 일차

공부한 날 _____ 월 _____ 일

한자의 뜻과 음을 확인하고 따라 쓰세요.

한자 따라 쓰기

明 明
明 明

뜻
밝을
명 明
음   모양

기본 실용 어휘

1 '명(明)'이 들어간 어휘를 읽어 보고, 뜻풀이에서 한자의 뜻과 연관된 글자에 ○ 하세요.

행방불명
행방불明
다닐 행 모 방 아닐 불 밝을 명

간 곳이나 방향을 (알지) 못함

선견지명
선견지明
먼저 선 볼 견 갈 지 밝을 명

어떤 일이 일어나기 전에 미리 앞을 내다보고 (아는) 지혜

정답 31쪽

아래 글을 읽고 질문에 답하세요.

8월 12일 금요일 번개 우르르 쾅쾅

제목 : 사랑이의 행방불명

어느새 잘 걷게 된 강아지, 사랑이를 데리고 산책을 나갔다. 공원 근처에 탕후루 가게가 새로 생겨서 구경하다가 줄을 놓쳤는데, 그사이 사랑이가 사라져 버렸다. 정신없이 찾아 헤매다 공원에서 사랑이를 발견한 순간, 천지신명께 감사드렸다.

흑흑~ 사랑아, 대체 어디 있는 거야?

• 산책을 나간 미미에게 어떤 일이 생겼나요?

강아지 사랑이가 **행방불명** 되었다.

• 사랑이를 다시 찾은 미미는 어떤 마음이 들었나요?

천지신명 께 감사했다.

천지신명
천지신明
하늘 천 땅 지 귀신 신 밝을 명

하늘과 땅에서 세상을 (비추는) 온갖 신

명명백백
明明백백
밝을 명 밝을 명 흰 백 흰 백

의심할 여지없이 아주 (분명)함

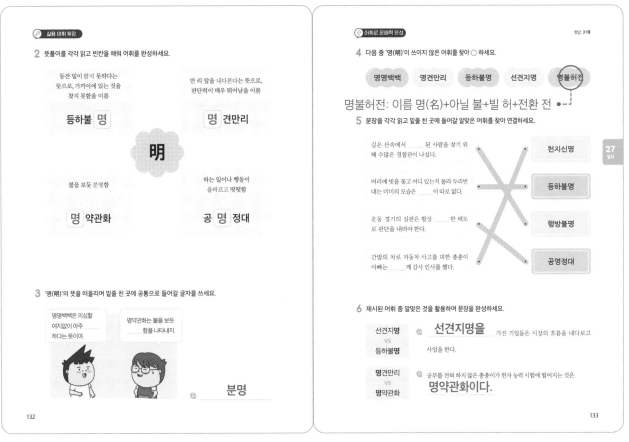

실용 어휘 확장

2 뜻풀이를 각각 읽고 빈칸을 채워 어휘를 완성하세요.

등잔 밑이 밝지 못하다는 뜻으로, 가까이에 있는 것을 찾지 못함을 이름

등하불 **명**

만 리 앞을 내다본다는 뜻으로, 판단력이 매우 뛰어남을 이름

명 견만리

明

불을 보듯 분명함

명 약관화

하는 일이나 행동이 올바르고 떳떳함

공 **명** 정대

3 '명(明)'의 뜻을 떠올리며 밑줄 친 곳에 공통으로 들어갈 글자를 쓰세요.

명명백백은 의심할 여지없이 아주 _____ 하다는 뜻이야.

명약관화는 불을 보듯 _____ 함을 나타내지.

분명

어휘로 문해력 완성

정답 31쪽

4 다음 중 '명(明)'이 쓰이지 않은 어휘를 찾아 ○ 하세요.

명명백백   명견만리   등하불명   선견지명   (명불허전)

명불허전: 이름 명(名)+아닐 불+빌 허+전환 전

5 문장을 각각 읽고 밑줄 친 곳에 들어갈 알맞은 어휘를 찾아 연결하세요.

깊은 산속에서 _____ 된 사람을 찾기 위해 수많은 경찰관이 나섰다.

머리에 빗을 꽂고 어디 있는지 몰라 두리번대는 미미의 모습은 _____ 이 따로 없다.

운동 경기의 심판은 항상 _____ 한 태도로 판단을 내려야 한다.

간발의 차로 자동차 사고를 피한 총총이 아빠는 _____ 감사 인사를 했다.

천지신명

등하불명

행방불명

공명정대

6 제시된 어휘 중 알맞은 것을 활용하여 문장을 완성하세요.

선견지**명**
vs
등하불**명**

선견지명을 가진 기업들은 시장의 흐름을 내다보고 사업을 한다.

명견만리
vs
명약관화

공부를 전혀 하지 않은 총총이가 한자 능력 시험에 떨어지는 것은 **명약관화이다.**

31

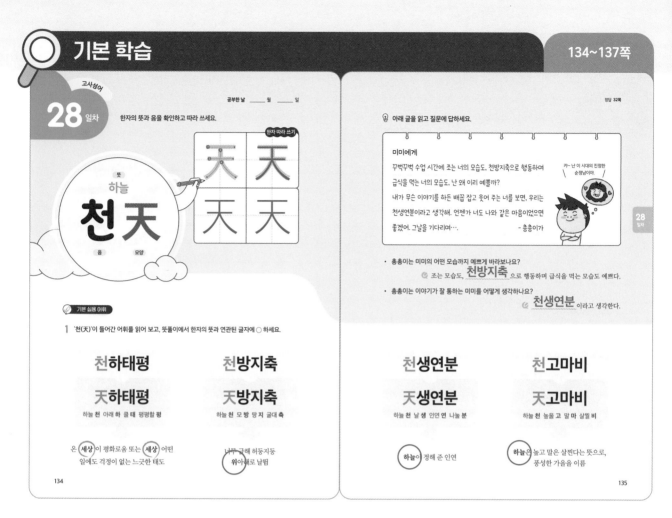

공부한 날 _____ 월 _____ 일

한자 따라 쓰기

뜻
하늘
천 天
음   모양

기본 실용 어휘

1 '천(天)'이 들어간 어휘를 읽어 보고, 뜻풀이에서 한자의 뜻과 연관된 글자에 ○ 하세요.

천하태평
天하태평
하늘 **천** 아래 하 클 **태** 평평할 평

온 (세상)이 평화로움 또는 (세상) 어떤
일에도 걱정이 없는 느긋한 태도

천방지축
天방지축
하늘 **천** 모 **방** 땅 **지** 굴대 **축**

너무 급해 허둥지둥
(위)아래로 날뜀

134

정답 32쪽

💬 아래 글을 읽고 질문에 답하세요.

미미에게

꾸벅꾸벅 수업 시간에 조는 너의 모습도, 천방지축으로 행동하며
급식을 먹는 너의 모습도, 난 왜 이리 예쁠까?

내가 무슨 이야기를 하든 배꼽 잡고 웃어 주는 너를 보면, 우리는
천생연분이라고 생각해. 언젠가 너도 나와 같은 마음이었으면
좋겠어. 그날을 기다리며….   - 총총이가

캬~ 난 이 시대의 진정한
순정남이야.

• 총총이는 미미의 어떤 모습까지 예쁘게 바라보나요?
  ✍ 조는 모습도, **천방지축** 으로 행동하며 급식을 먹는 모습도 예쁘다.

• 총총이는 이야기가 잘 통하는 미미를 어떻게 생각하나요?
  ✍ **천생연분** 이라고 생각한다.

천생연분
天생연분
하늘 **천** 날 **생** 인연 **연** 나눌 **분**

(하늘)이 정해 준 인연

천고마비
天고마비
하늘 **천** 높을 고 말 마 살찔 비

(하늘)이 높고 말은 살찐다는 뜻으로,
풍성한 가을을 이름

135

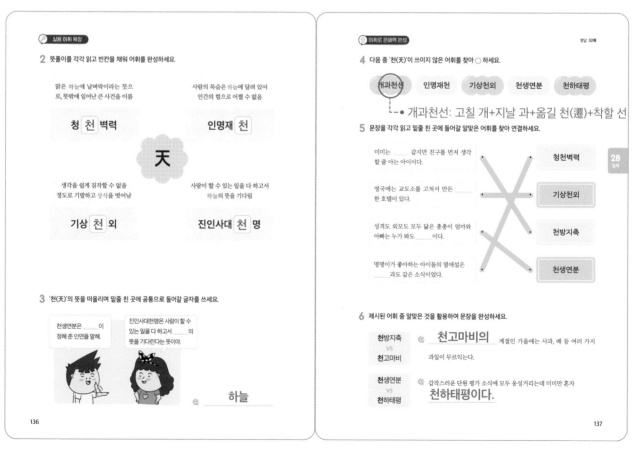

🔍 실용 어휘 확장

2 뜻풀이를 각각 읽고 빈칸을 채워 어휘를 완성하세요.

맑은 하늘에 날벼락이라는 뜻으
로, 뜻밖에 일어난 큰 사건을 이름

청 천 벽력

사람의 목숨은 하늘에 달려 있어
인간의 힘으로 어쩔 수 없음

인명재 천

天

생각을 쉽게 짐작할 수 없을
정도로 기발하고 상식을 벗어남

기상 천 외

사람이 할 수 있는 일을 다 하고서
하늘의 뜻을 기다림

진인사대 천 명

3 '천(天)'의 뜻을 떠올리며 밑줄 친 곳에 공통으로 들어갈 글자를 쓰세요.

천생연분은 _____이
정해 준 인연을 말해.

진인사대천명은 사람이 할 수
있는 일을 다 하고서 _____의
뜻을 기다린다는 뜻이야.

✍ **하늘**

136

정답 32쪽

🏆 어휘로 문해력 완성

4 다음 중 '천(天)'이 쓰이지 않은 어휘를 찾아 ○ 하세요.

(개과천선)   인명재천   기상천외   천생연분   천하태평

┗-- ▶ 개과천선: 고칠 개+지날 과+옮길 천(遷)+착할 선

5 문장을 각각 읽고 밑줄 친 곳에 들어갈 알맞은 어휘를 찾아 연결하세요.

미미는 _____ 같지만 친구를 먼저 생각
할 줄 아는 아이이다.

영국에는 교도소를 고쳐서 만든 _____
한 호텔이 있다.

성격도 외모도 모두 닮은 총총이 엄마와
아빠는 누가 봐도 _____이다.

명명이가 좋아하는 아이돌의 열애설은
_____ 과도 같은 소식이었다.

청천벽력
기상천외
천방지축
천생연분

6 제시된 어휘 중 알맞은 것을 활용하여 문장을 완성하세요.

천방지축
VS
천고마비

✍ **천고마비의** 계절인 가을에는 사과, 배 등 여러 가지
과일이 무르익는다.

천생연분
VS
천하태평

✍ 갑작스러운 단원 평가 소식에 모두 웅성거리는데 미미만 혼자
천하태평이다.

137

32

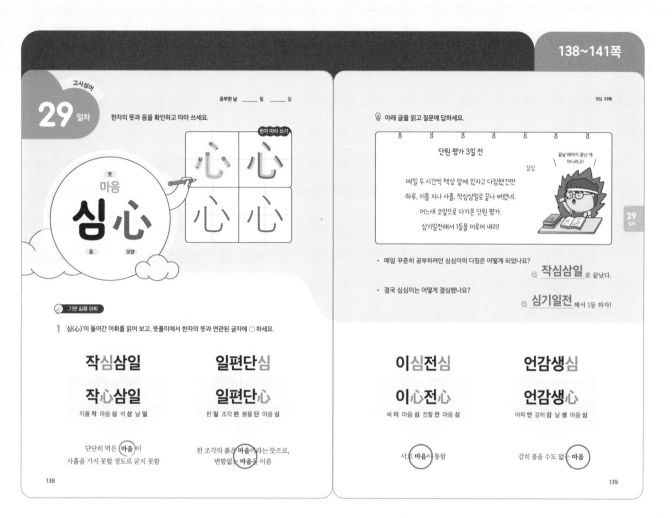

고사성어

한자의 뜻과 음을 확인하고 따라 쓰세요.

뜻 마음 / 음 심 / 모양 心

한자 따라 쓰기

기본 실용 어휘

1 '심(心)'이 들어간 어휘를 읽어 보고, 뜻풀이에서 한자의 뜻과 연관된 글자에 ○하세요.

작심삼일 작心삼일
지을 작 마음 심 석 삼 날 일
단단히 먹은 (마음)이 사흘을 가지 못할 정도로 굳지 못함

일편단심 일편단心
한 일 조각 편 붉을 단 마음 심
한 조각의 붉은 (마음)이라는 뜻으로, 변함없는 (마음)을 이름

아래 글을 읽고 질문에 답하세요.

단원 평가 3일 전
심심
매일 두 시간씩 책상 앞에 앉아 다짐했건만 하루, 이틀 지나 사흘, 작심삼일로 끝나 버렸네.
어느새 코앞으로 다가온 단원 평가.
심기일전해서 1등을 이루어 내리!
끝날 때까지 끝난 게 아니라고!

• 매일 꾸준히 공부하려던 심심이의 다짐은 어떻게 되었나요?
작심삼일로 끝났다.

• 결국 심심이는 어떻게 결심했나요?
심기일전해서 1등 하자!

이심전심 이心전心
써 이 마음 심 전할 전 마음 심
서로 (마음)이 통함

언감생심 언감생心
어찌 언 감히 감 날 생 마음 심
감히 품을 수도 없는 (마음)

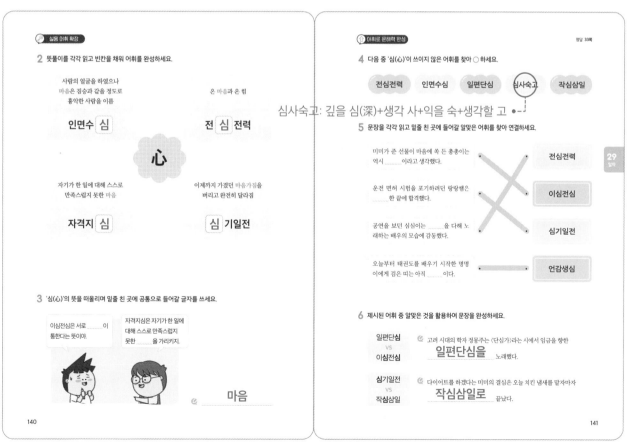

실용 어휘 확장

2 뜻풀이를 각각 읽고 빈칸을 채워 어휘를 완성하세요.

사람의 얼굴을 하였으나 마음은 짐승과 같을 정도로 흉악한 사람을 이름
인면수[심]

온 마음과 온 힘
전[심]전력

心

자기가 한 일에 대해 스스로 만족스럽지 못한 마음
자격지[심]

이제까지 가졌던 마음가짐을 버리고 완전히 달라짐
[심]기일전

3 '심(心)'의 뜻을 떠올리며 밑줄 친 곳에 공통으로 들어갈 글자를 쓰세요.

이심전심은 서로 ____이 통한다는 뜻이야

자격지심은 자기가 한 일에 대해 스스로 만족스럽지 못한 ____을 가리키지.

마음

어휘로 문해력 완성

4 다음 중 '심(心)'이 쓰이지 않은 어휘를 찾아 ○하세요.

전심전력 인면수심 일편단심 (심사숙고) 작심삼일

심사숙고: 깊을 심(深)+생각 사+익을 숙+생각할 고

5 문장을 각각 읽고 밑줄 친 곳에 들어갈 알맞은 어휘를 찾아 연결하세요.

미미가 준 선물이 마음에 쏙 든 총총이는 역시 ____이라고 생각했다. — 이심전심

운전 면허 시험을 포기하려던 랑랑쌤은 ____ 한 끝에 합격했다. — 심기일전

공연을 보던 심심이는 ____을 다해 노래하는 배우의 모습에 감동했다. — 전심전력

오늘부터 태권도를 배우기 시작한 명명이에게 검은 띠는 아직 ____이다. — 언감생심

6 제시된 어휘 중 알맞은 것을 활용하여 문장을 완성하세요.

일편단심 vs 이심전심 — 고려 시대의 학자 정몽주는 〈단심가〉라는 시에서 임금을 향한 **일편단심을** 노래했다.

심기일전 vs 작심삼일 — 다이어트를 하겠다는 미미의 결심은 오늘 치킨 냄새를 맡자마자 **작심삼일로** 끝났다.

고사성어

30 일차

한자의 뜻과 음을 확인하고 따라 쓰세요.

공부한 날 _____ 월 _____ 일

한자 따라 쓰기

뜻
스스로

자 自

음 · 모양

정답 34쪽

🗨️ 아래 글을 읽고 질문에 답하세요.

명명이와 총총이의 대화

명명 거울아, 세상에서 누가 제일 귀엽니?

그건 바로 명명 공주님이죠.

총총 혼자 북 치고 장구 치고 자문자답이라니….

자화자찬만은 제발 참아 줘.

명명 흥, 심심하면 발 닦고 자!

귀여워서 괜히
질투하는 거라니까~

• 총총이는 명명이가 혼잣말하는 모습을 뭐라고 표현했나요?

✍️ 북 치고 장구 치고 **자문자답** 이라니….

• 명명이는 거울 속 자신을 보며 무엇을 했나요?

✍️ 자신이 제일 귀엽다며 **자화자찬** 했다.

📘 기본 실용 어휘

1 '자(自)'가 들어간 어휘를 읽어 보고, 뜻풀이에서 한자의 뜻과 연관된 글자에 ○ 하세요.

자업자득

自업自득

스스로 자 일 업 스스로 자 얻을 득

자기가 저지른 일의 결과를
ⓢⓢ로 돌려받음

자포자기

自포自기

스스로 자 사나울 포 스스로 자 버릴 기

절망에 빠져 ⓢⓢ로를
포기하고 돌아보지 않음

자화자찬

自화自찬

스스로 자 그림 화 스스로 자 기릴 찬

자기가 한 일을 ⓢⓢ로 자랑함

자수성가

自수성가

스스로 자 손 수 이룰 성 집 가

물려받은 재산 없이 ⓢⓢ로의
힘으로 성공을 이룸

142

143

🔍 실용 어휘 확장

2 뜻풀이를 각각 읽고 빈칸을 채워 어휘를 완성하세요.

자기가 꼰 줄로 제 몸을 묶는
것처럼 말과 행동을 잘못하여
스스로 곤란해짐

자 승 자 박

제정신을 잃고 멍하니 있음

망연 자 실

自

스스로 묻고 대답함

자 문 자 답

스스로 배우고 익힘

자 학 자 습

3 '자(自)'의 뜻을 떠올리며 밑줄 친 곳에 공통으로 들어갈 글자를 쓰세요.

자업자득은 자기가 저지른
일의 결과를 _____ 돌려
받는다는 뜻이야.

자학자습은 _____ 배우고
익히는 거야.

✍️ **스스로**

144

📝 어휘로 문해력 완성

정답 34쪽

4 다음 중 '자(自)'가 쓰이지 않은 어휘를 찾아 ○ 하세요.

자화자찬   자수성가   자문자답   망연자실   ⬭자린고비

자린고비: 흉 자(疵)+아낄 린+생각할 고+죽은 어머니 비

5 문장을 각각 읽고 밑줄 친 곳에 들어갈 알맞은 어휘를 찾아 연결하세요.

심심이는 지하철에서 지갑을 잃어버리고
_____ 하여 우두커니 서 있었다.

미미는 자기가 그린 그림을 보고 너무 아
름답다며 _____ 했다.

장영실은 노비로 태어나 조선 시대 최고
의 과학자가 된 _____ 형 인물이다.

랑랑뱅은 고민이 있을 때마다 _____ 하
는 습관이 있다.

망연자실

자문자답

자수성가

자화자찬

6 제시된 어휘 중 알맞은 것을 활용하여 문장을 완성하세요.

자화자찬
vs
자포자기

✍️ 소리를 듣지 못하게 된 베토벤은 **자포자기하지** 않고,

노력한 끝에 수많은 명작을 남겼다.

자학자습
vs
자문자답

✍️ 서점에서 한자 어휘 교재를 산 명명이는 엄마에게

자학자습 하겠다고 다짐했다.

145

어휘랑 총정리

앞에서 배운 내용을 따올리며 확실하게 내 것으로 만들어요!

공부한 날 _____ 월 _____ 일

1 빈칸에 공통으로 들어가는 글자를 찾아 연결하세요.

- ☐하태평
- 인명재☐

→ 하늘 천(天)

- 감☐이설
- 남아일☐중천금

→ 몸 신(身)

- 만☐장이
- ☐변잡기

→ 말씀 언(言)

2 문장을 각각 읽고 내용에 알맞은 어휘를 골라 ○하세요.

- 총총이는 미미와 (천방지축 / 천고마비 / **천생연분** / 청천벽력)이다.
- 시험을 앞둔 심심이는 (금의야행 / **주야장천** / 야반도주 / 야광명월)으로 공부했다.
- 선거는 (**공명정대** / 명견만리 / 행방불명 / 천지신명)하게 치러져야 한다.
- 우리는 나라의 독립을 위해 (신토불이 / 신변잡기 / 패가망신 / **분골쇄신**)한 분들을 기억해야 한다.

146

정답 35쪽

3 채팅 속 빈칸에 들어갈 글자를 쓰고, 같은 한자가 들어간 어휘를 찾아 묶으세요.

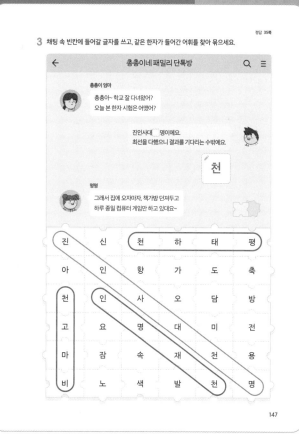

총총이네 패밀리 단톡방

총총이 엄마
총총아~ 학교 잘 다녀왔어?
오늘 본 한자 시험은 어땠어?

진인사대 ☐ 명이에요.
최선을 다했으니 결과를 기다리는 수밖에요.

천

명명
그래서 집에 오자마자, 책가방 던져두고
하루 종일 컴퓨터 게임만 하고 있대요~

진	신	천	하	태	평
아	인	향	가	도	축
천	인	사	오	담	방
고	요	명	대	미	전
마	잠	속	재	천	용
비	노	색	발	천	명

147

4 가로세로 열쇠의 뜻풀이를 읽고 퍼즐을 완성하세요.

①① 자(自)	학	자	습		
포					
자		③ 중	② 언	부	③ 언(言)
기			감		중
			생		유
② 이	심	전	심(心)		골

가로 열쇠
① 스스로 배우고 익힘
② 서로 마음이 통함
③ 이미 한 말을 자꾸 되풀이함

세로 열쇠
① 절망에 빠져 스스로 포기하고 돌아 보지 않음
② 감히 품을 수도 없는 마음
③ 말 속에 뼈가 있다는 뜻으로, 말에 깊은 속뜻이 숨어 있음을 이름

148

정답 35쪽

5 보기 속 어휘를 활용하여 문장을 완성하세요.

보기: 망연자실 분골쇄신 자포자기 일편단심 청천벽력

예시: 총총이가 이사를 간다면 심심이에게 **청천벽력** 같은 소식일 것이다.

- 미미를 좋아하는 총총이의 모습은 **일편단심** 민들레와 닮았다.
- 에디슨은 숱한 실패에도 **자포자기하지** 않고 전구를 발명했다.
- 안중근 의사는 우리나라의 독립을 위해 **분골쇄신했다.**
- 총총이는 아이돌 선발 테스트에 떨어져 **망연자실한** 미미를 위로해 주었다.

6 제시된 어휘를 활용하여 문장을 만드세요.

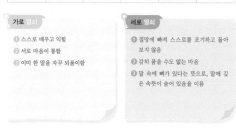

유언비어 → 인터넷에는 그럴듯한 **유언비어가 나돌기도 한다.**

기상천외 → 랑랑쌤의 질문에 명명이는 **기상천외한 대답을 했다.**

149

함께 공부해요!